THE
STRATEGIC
PLANNING
OF BUSINESS
PLATFORMS

平台战略

生态的力量

陈顺军 著

企业管理出版社
ENTERPRISE MANAGEMENT PUBLISHING HOUSE

图书在版编目（CIP）数据

平台战略 / 陈顺军著 .—北京：企业管理出版社，2024.1
ISBN 978-7-5164-2988-4

Ⅰ.①平… Ⅱ.①陈… Ⅲ.①企业战略—研究—中国 Ⅳ.①F279.23

中国国家版本馆CIP数据核字（2023）第215306号

书　　名：	平台战略
书　　号：	ISBN 978-7-5164-2988-4
作　　者：	陈顺军
责任编辑：	张　羿
出版发行：	企业管理出版社
经　　销：	新华书店
地　　址：	北京市海淀区紫竹院南路17号　邮　　编：100048
网　　址：	http://www.emph.cn　电子信箱：504881396@qq.com
电　　话：	编辑部（010）68456991　发行部（010）68701816
印　　刷：	三河市荣展印务有限公司
版　　次：	2024年1月第1版
印　　次：	2024年1月第1次印刷
开　　本：	710mm×1000mm　1/16
印　　张：	15.5
字　　数：	180千字
定　　价：	68.00元

版权所有　翻印必究·印装错误　负责调换

前 言

在未来的商业世界，企业之间的竞争，不再是直线式、点对点的对弈，而是庞大的、全方位的生态圈之间的对战。借助互联网的威力，所谓平台模式已经越来越流行，并且将在未来的很长一段时间内占有重要地位。

纵观国内外市场，不少知名互联网企业正是借由强大的平台生态圈系统，打造了属于自己的王国，比如我们耳熟能详的阿里和腾讯。

这些企业通过打造全方位的产品矩阵来全方面地覆盖人们的生活，比如资讯的获得、娱乐的方式、社交的渠道、购物的形式等，让人们的生活离不开它。简单来说，就是通过大数据来探求人们的需求，为品牌提供精准的投放。你需要什么，我就为你提供什么，甚至提前预知或挖掘你的需求。

可见，当下的平台商业模式的精髓，在于打造一个相对完善又同时具有强大成长空间的平台生态圈。这种平台系统能够最大限度地激发同平台各系统之间的互动。在当今的商业世界，如果想要获得成功，建立完善的平台生态圈至关重要。只有连接两个以上的"群体"，才能更好地打破原有产业链的局限。

平台 战略

  平台模式已然成为互联网行业的主流商业模式，但遗憾的是，这种市场现状还没有人系统地讨论过，这也从侧面反映了人们对于平台模式这一概念的不了解。

  "风起于青萍之末"，在商业世界亦是同样的道理。在有的人眼里，这一股"风"正是助力他远航的东风；而在有的人眼里，这青萍之末的微风只会让他"躺平"和懈怠。

  所谓"乱花渐欲迷人眼"，在任何新时代来临之初，学会审时度势，保持清醒的态度很重要。在互联网平台的风口之下，谁能提前洞察到商机，顺应时代的变化，谁就能引领时代的商业潮流，获得生存的机会和成功的先机。相反的，谁墨守成规、故步自封，迷醉于过去的成就，谁就会被时代所淘汰。

  本书将带领大家走进平台模式的"岩洞"，揭开平台战略的神秘面纱。希望本书能成为大家探索新的商业模式中的一点光，带领你们寻找到属于自己的平台"桃花源"，一起打造出新的商业世界！

目录

第一部分 平台时代的到来

第一章 传统企业面临的困境 / 004
　　一、组织架构之困 / 005
　　二、市场渠道之困 / 008
　　三、人才管理之困 / 015

第二章 传统行业的痛点 / 019
　　一、价值链的链条过长 / 020
　　二、生产过于标准化，缺乏个性化 / 022
　　三、企业之间各自为政 / 023

第三章 平台时代的新思路 / 028
　　一、员工是你的"合伙人" / 030
　　二、学会放手放权 / 031
　　三、不能"独裁" / 033

第四章 平台的目的就是赋能 / 036
　　一、平台时代的变革 / 037

二、赋能从"人"开始 / 040

三、平台经济未来已来 / 047

第二部分 平台时代的新业态

第一章 平台战略的本质 / 060

一、不懂平台，谈何转型 / 061

二、平台战略的优势 / 067

第二章 中台，应运而生 / 070

一、平台和中台的区别 / 071

二、中台的功能 / 074

三、中台的三大主流分类 / 075

第三章 重构平台新业态 / 084

一、传统企业出路在何方 / 088

二、如何进行平台化转型 / 089

第四章 互联网时代盘活资源的机遇 / 099

一、企业内部资源的整合与利用 / 100

二、单边市场与多边市场的差异 / 102

第三部分 平台时代的转型密码

第一章 平台时代的必经之路 / 114

一、平台时代的商业模式 / 115

二、双边市场平台与单边市场平台 / 117

目录

　　三、主流平台的基本形态 / 121

第二章　平台转型的必胜法宝 / 125

　　一、互联网平台发展的核心驱动力 / 126

　　二、挖掘企业潜力的不二法门 / 135

第三章　平台的号召力来自流量 / 138

　　一、平台流量的主要来源 / 139

　　二、数据赋能企业服务 / 144

第四章　平台转型的决策 / 148

　　一、如何确定平台转型方向 / 150

　　二、平台转型的必要条件 / 152

第五章　平台的产业本土化 / 155

　　一、打造产业本土化平台 / 156

　　二、数智化引领创新驱动 / 159

第四部分　千亿公司做平台，万亿公司做生态

第一章　平台经济的合作界限 / 165

　　一、平台经济的合作原则 / 165

　　二、关于合作伙伴的选择 / 167

第二章　打造平台生态圈的意义 / 172

　　一、什么是平台生态圈 / 174

　　二、平台生态圈的竞争优势 / 176

　　三、平台生态圈的三大层次 / 179

第三章 合作共赢的平台生态 / 182
  一、如何构建平台生态圈 / 183
  二、创新技术夯实平台基石 / 189
第四章 寻找"一条绳"上的盟友 / 193
第五章 生态圈中的"圈套" / 198
  一、平台生态圈的局限性 / 199
  二、平台生态圈的运营误区 / 200

第五部分 平台时代的未来

第一章 从产品战略到平台战略 / 211
  一、产品战略的致命弱点 / 214
  二、平台战略萌发新生机 / 218
第二章 平台时代发展中的创新模式 / 221
  一、构建生态系统的关键因素 / 222
  二、生态圈的创新法则 / 224
  三、业务创新的能量来源 / 230
第三章 如何进行价值创造 / 232
  一、传统商业模式与平台模式的价值逻辑 / 233
  二、获取价值的途径 / 237

第一部分

平台时代的到来

谁能够在第一时间抓住发展的机遇，谁就能在新时代获得生存的机会。

第一部分 平台时代的到来

互联网平台这种商业模式的快速发展，正在不断地改变着我们的生活，同时，它也在商业竞争中扮演着至关重要的角色，围绕平台展开的创新商业模式正不断地出现在各种产业中。

"苟日新，日日新，又日新"，传统企业在如今这个飞速变化的环境下，遭遇到的已经不仅仅是营销渠道的危机，如果你的商业模式包括生产、加工、产品、招商、广告等还是走传统老路，那么你就几乎不可能走出企业经营的困境。

在现在这个网络时代，世界是平的，它并没有区域市场之分。过去，我们处在传统的商业时代，还有可能靠传统营销方式和传统的商业模式做成品牌老大，但在平台模式时代，强大的互联网和移动互联无处不在、无所不能，它们将行业之间的边界无限延伸，犹如裹挟着巨浪奔涌而来。在产业浪潮中机遇与危机并存，但可以预见的是，如果传统企业拒绝转型，那么最终就会在互联网的大浪中逐渐消失。

对于传统企业来说，企业决策者若拥有以超前的战略眼光布局企业转型升级的格局，就获得了通往成功的关键密钥。

而平台模式能够帮助处于传统行业的企业解决痛点，重新出发，完成转型，使企业趋向于"去中间化""去中心化""去边界化"的状态，所以它将会成为一种新兴的商业生态模式。

第一章
传统企业面临的困境

> 在商业世界,最大的危机就是没有危机感。没有危机感,就很容易陷入危机;有了危机感,才能有效地避免危机。

在互联网加持的平台战略时代,大部分传统企业受到了前所未有的冲击和压力,但是鲜有企业敢真正面向互联网进行自我变革与重生,无论是管理层还是员工,都安于现状,仍然沿袭着过去的模式按部就班,大部分经营者仍崇尚金字塔式组织架构、固有的营销流程、KPI管理等传统的企业经营方法。不可否认的是,在过去传统的商业时代,这些方法的确能起到一定的作用,但是现在你或许会发现,这些以前"很好使"的方法突然失效了。

可遗憾的是,大部分经营者还没有意识到这一点,即使意识到了,也只是在这些方法的基础上进行改进,"换汤不换药"的做法当然不会有任何效果。那么,这些传统管理和经营企业的方法到底为何会失效呢?

究根溯源，是因为时代变了。这些传统的经营方式不仅不再适用于互联网时代，甚至会成为企业经营的"绊脚石"，使企业陷入困境。而在新时代潮流之下，发生作用的工具、资源配置和路径都发生了变化。

那么，传统企业面临的困境都有哪些呢？

一、组织架构之困

在传统的商业模式中，大部分企业实行的是金字塔式组织架构。一般的金字塔式组织架构由层级、部门和职位组成。层级越高人数越少，层级越低人数越多，和金字塔的外形很相似。通过图1-1我们就能看出，这种组织架构权力较为集中，不禁让人想起秦朝的中央集权制度。

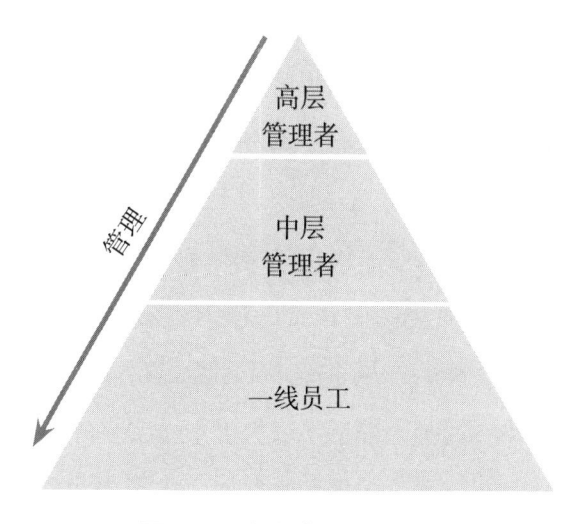

图1-1 金字塔式组织架构

中央集权能够帮助秦朝把经济、军事、文化方面的各项措施迅速地在全国推行，但是我们要有一个意识，那就是现在不是封建社会，特别是在互联网时代，企业经营者更要学会"去中心化"，舍得放权，才能让企业得到更大的发展，获得更大的权力。

在互联网时代，扁平化管理是相对于传统金字塔垂直管理架构的一种管理模式。传统金字塔垂直管理是由基层管理者、中层、高层多个层次共同组成一个金字塔状的架构，权力最高的领导比如董事长或CEO处在塔尖，他们通过一层层管理层发布指令，最后传达到执行者。

金字塔式组织架构流行了近100年，是传统企业的主流管理模式。在这种权力高度集中的模式下，信息传达的效率和准确度都会大打折扣。比如，作为董事长，想要给下属下达一个指令，就需要经过你的直接下属（一般是高层领导），再由他布置给中层管理者，最后再由基层管理者直接派任务给基层员工。在这个过程中，由于每一个"中间人"的理解不同，就会导致他们在传达你的指令时出现不必要的偏差。而这个任务，实际上可能只需要基层员工去操作即可。那么，这些"中间人"在这个过程中的存在就是不必要的，不仅浪费了企业的时间成本，也浪费了人力成本。不仅董事长的原本意图无法实现，也毫无执行力，这种缺乏民主的管理方式更难谈创新。

就好比在信息不对称的时代，一项工程层层外包给不同的工程队，中间商赚差价一样，产生了很多不必要的成本，不仅让企业的支出翻了几倍，更主要的是，养活了一大批不做实事的人。

在平台时代，得益于大数据和物联网，少了中间商赚差价，很多商业交易能够大大地减少支出。同样的，企业管理也应当如此。在讲究效率和创新的互联网平台时代，让每一个人、每一个岗位发挥出最大价值，才是传统企业亟须解决的问题。

而解决的关键就是，权力要下放。比如扁平化管理模式，其核心原则是权责一体，需求平行发起。一般来说，中层管理者拥有决策权和自主权。只有当部门之间发生冲突时，高级管理人员才会介入调解。高级管理人员有知情权，但他们很少干预团队的内部工作流程。这不仅使中层管理者有更多的能力发挥作用，而且还促进了他们的主动性和积极性。当把工作当成了一种自我的责任，热情自然会更高，不仅有利于员工和团队的发展，同时也减轻了经营者的工作负担。

以一个共同的互联网公司运营中心下的内部运营管理为例。频道运营经理新开发了一个媒体频道，需要设计一个登录页面。在第一种情况下，产品经理审核需求，如果需求清晰、有目的且合理，那么就可直接通过审核，安排原型设计，并通知设计、策划、文案、技术团队做好进度安排。时间表批准后，抄送运营总监。

在第二种情况下，产品经理审核需求，发现一些地方不合理，直接将其添加到渠道运营经理的意见中。此时，渠道运营经理就要在同一问题上对需求再次做出修改，这一次需求将首先提交给运营总监审核，然后提交给产品经理。

当我们回顾这一过程时，可以看到，在日常工作流程中，只有发生争议时，领导才会介入。这大大地减少了高层管理人员的工作量，使他们有更多的时间和精力思考战略和长远规划，同时也培养了中层管理人员的实际工作能力，赋予了他们使命感和责任感。

但在传统的模式下，中层管理者很难获得成长，他们会认为，反正自己没有决策的权力，那么干脆让领导决定就行了。这种模式的危害是双重的。一方面，大多数时候，高层领导者并不太清楚基层的工作需求，他们需要在短时间内给出反馈，这样就会导致他们往往草率地做出不合理的决策。而另一方面，中层管理者依赖高层来做所有决定，长此以往，工作的积极性就会下降，责任感就会缺乏，属于被动工作。

公司的运作是由各个部门日常的自主运作所构成，每个部门对自己负责的业务领域以及对部门业务的发展所承担的风险是最为清楚的。因此，首先得让最明白者最有权，就是要求高层学会授权，要将决策权下放给最明白、最有责任心的人。不管这个人的资历与级别如何，都要依据客观公正的考核结果，让最有责任心的明白人担负起最重要的责任，并赋予其决策的权力。

二、市场渠道之困

企业界有句俗话"得渠道者得天下"，在互联网平台时代，渠道是决定成败的关键所在。当然，这里的渠道并不是指企业开展的多元化渠道，而是指渠道战略。我们要全面拥抱电子商务和移动互联网，运用互联网理念和技术拓展渠道，满足消费者的需求，使交易更容易、更方便、更高效。那么，传统企业在互联网平台时代的渠道所面临的困境究竟是什么呢？

首先是传统营销模式的信息滞后。

互联网已成为现代人生活中必不可少的一部分，在这样的生活方式之下，已经诞生了搜索、电子商务和社交的需求，如果传统业务仍按照旧的营销模式，不做电子商务、百度等促销，不参与移动互联网，业务自然会下滑。

如果不了解传统营销与全网络营销的基本区别、全网络时代生存的关键因素以及如何构建盈利体系，就很难通过互联网获得成功转型的线索。

没有固定的商业模式，也没有必要调整营销策略，对于传统行业来说，转型是适应时代必须做出的突破性调整。

有一句话说得好，"先知先觉创业者，后知后觉随流者，不知不觉消费者"。在互联网时代，传统企业所面临的困境之一就是如何转变营销模式。除了传统的线下营销模式以外，还要学会利用现在的新媒体营销矩阵来进行推广，比如微信公众号、抖音、快手、头条号、B站、小红书等。

其次是渠道战略的落后。

获取在线订单、流量或离线体验主要基于需求焦点。这一点很重要，没有焦点是不可能操作的，不可能只关注在线或离线。一般来说，线下型传统企业要在产品结构上进行调整，主要选取能够量产并盈利的产品，价格统一，促销方式可以更加多样化，一般不使用线上和线下的品牌进行区分，以免造成品牌力量的稀释，不利于大品牌、大项目的形成。许多案例告诉我们，用产品和品牌来扩大市场是困难的，但我们应该统一品牌和产品，包括价格。实现企业品牌营销在线上线下深度融合，产生乘数效应，这是全渠道营销的本质和要义。

在互联网平台时代，渠道的特点是：线上和线下的整合、与场景的紧密整合以及与社交网络（社交电子商务、社交团体）的整合。

无论是在线还是离线，基本流程都是分解的，比如购物支付、供应、服务。传统的实体店支付方式单一，经营场地受地域限制，但运营经验具有显著的优越性。电子商务可以有效地聚集长尾客户，足不出户就能完成购买和支付，但传统的 PC 终端电子商务仍然不能实现随时随地购买，不能适应消费者的碎片化习惯，特别是交易体验和配送速度，一直是电子商务的一个软肋。显然，单一的在线或离线闭环交易是有缺陷的。

O2O（Online-to-Offline，即线上到线下）和新零售的出现，包括线上和线下商品分销，实际上是为了创造一个闭环，以获得更好的交易体验。移动互联网技术以及各种二维码技术和定位技术，为在线和离线交易系统的紧密集成创造了条件。O2O 和新零售组合了线上和线下渠道的优势，交易流程被分解和重组，派送方式更加多样化，产品体验更好，分销和服务也越来越方便。但是，O2O 有一个进入问题，消费者有一个固有的购物习惯，他们不能用手机下载太多的购物 App，网购入口也有限，谁先占领这些入口，谁就占得先机。此外，线上线下的整合问题以及各种渠道的利益分配都存在很大的挑战。

案例：医药行业 O2O 模式

自"互联网＋医疗"概念兴起，在国家政策和市场需求的双重推动下，我国医药行业 O2O 业务模式发展显著。同时，不少消费者的购药习惯和场景也发生了改变，医药行业 O2O 模式通过"线上电商＋线下药店配送"的方式，为消费者提供了便捷高效的服务，加速了医药 O2O 市场的崛起，也为药店 O2O 业务带来了巨量的增长。

基于此，神鸟健康联合阿里本地生活、中国医药物资协会等多个团队发布《迈向医药快送时代：中国医药O2O发展研究报告（2021）》，从政策、市场、消费群体、平台商家等对医药O2O行业发展进行了多维度分析和预判。

1. 我国医药电商平台模式

目前，我国医药电商有三种业务模式，分别是B2B（Business-to-Business，即企业对企业）医药电商、B2C（Business-to-Consumer，即企业对消费者）医药电商和O2O医药电商，如表1-1所示。

B2B医药电商指的是为医药终端企业或者机构提供药品采购、配送等服务的电商平台，在整体产业链中处于终端药店和医疗机构的上游，对零售药店销售影响较小。该业务相较于传统医药业务来说，有着销售占比大、参与主体多样化、集中度高和供需信息传导机制畅通等优势。

B2C医药电商指的是提供医药产品购买服务的在线平台，类似于淘宝模式。在整个产业链中直接面对终端消费者，与线下零售药店形成竞争关系。该业务有着直接面对最终消费者、服务链条得到延伸、形成黏性，同时能够构建院边点成为新的战略布局点等优势。

O2O医药电商指的是提供零售药店到消费者的医药配送服务。在整个产业链中是依托于零售药店，通过佣金、手续费等方式获取平台利润。该业务具有能够有效打通"最后一公里"急药配送、"即时达+普通送"业务结合以及对于医药零售市场的下沉与外延等优势。

表1-1　中国医药电商B2B、B2C和O2O模式

业务类型	商业模式	自身优势	市场规模
B2B医药电商	提供零售药店上游渠道服务	> 销售占比大 > 参与主体多样化 > 集中度高 > 供需信息传导机制畅通	单位：[亿元]（2015—2020年柱状图）
B2C医药电商	淘宝模式的网上零售药店	> 直接面对最终消费者 > 服务链条延伸，形成黏性 > 院边店成为新的战略布局点	单位：[亿元]（2015—2020年柱状图）
O2O医药电商	零售药店到消费者的配送服务	> 打通"最后一公里"急药配送 > "即时达+普通送"业务结合 > 市场下沉与外延	单位：[亿元]（2015—2020年柱状图）

2. O2O医药电商平台模式对比

医药O2O模式是基于线下药店，利用互联网技术，将平台作为中介，满足消费者用药咨询、药品购买等需求，与传统医药相比，医药O2O模式具有时效快、提高门店坪效等特点；与此同时，线下门店还能为线上商城积累人气，形成品牌效应。随着医保支付的试点实行，在线问诊、医保支付、送药到家的闭环也是未来的趋势之一。

目前医药O2O平台发展规模较大的有饿了么送药、美团买药、京东药急送和部分私域App，几大平台对比如表1-2所示。

表1-2 主要医药O2O平台模式对比

	饿了么送药	美团买药	京东药急送	私域App
平台规模	近300个城市，10万家以上的药店入驻，实现24小时送药到家服务，下沉速度不足	接入近10万家第三方药店，下沉较深，涉及三四线城市	只服务一二线城市，发展较慢	较小，只有部分药企具备搭建私域能力
商家服务	平台提供商家后台、标品库、营销工具及商业化合作等一揽子工具和服务	存在竞价排名，可能导致商家不良竞争	没有面向商家的客户端，只有网页版本	
医保服务	浙江金华、江西上饶等试点定点零售药店开通"医保买药"服务	初步探索	尚无	定点药店到店消费可刷医保
推广策略	与高德地图合作	力度较大，形式较多，例如配送员服装与配送箱投放送药广告	几乎无推广，且京东平台的京东到家和京东药急送功能重复，用户容易混淆	依靠店铺的店员进行推广
医生咨询	提供24小时在线咨询服务	提供24小时在线咨询服务	在线问诊平台建设较早，具备资源基础，提供医生咨询、复诊续方等服务	仅大型连锁药店具备咨询功能，成本较高，回复效率较低
配送方式	蜂鸟即配骑手配送	美团骑手配送	拥有美团、达达、京东快递及其他社会物流提供方	大多与第三方物流平台合作，药店自行配送成本较高
流量获取	依托阿里生态体系，扩展支付宝等线上流量入口	依托美团点评已有资源进行引流	依托京东商城平台，与B2C模式形成资源互补，可以得到生态体系支撑	流量较小，公域流量转化私域流量较为困难

3. 医药O2O模式下的企业难点

（1）企业数字化转型速率较慢，缺乏有效运营，难以实现降本增效。

中国目前95%的药店无法真正地做好O2O，主要原因在于缺乏高效的运营团队。传统的药店连锁企业缺乏电商运营思维，无法果断做出决策大力开展O2O业务，只是当作一个随大流的趋势被动上线；而拥有运营团队的电商在进军互联网医疗时缺乏药品资源，无法在供应链上做成优势，从而在运营上出现根本上的痛点。

（2）平台功能设计受限，企业与平台间信息交流效果差。

在功能设计方面，一是产品规范要求不够严格，没有做到同一药品全平台同一样式；二是医师咨询服务不够专业，针对患者的专业问题无法得到有效的解答；三是产品SKU（库存量单位）配置不够齐全，难以满足国家要求。在交流方面，一是由于互联网公司的特性所在，人员流动性较强，企业与平台的沟通效率非常低，常常一个问题反复提出得不到解决；二是企业仅仅能获取自己店铺经营的相关数据，对于同行经营状况和用户个人信息完全无法获取；三是企业营销数据不够全面，无法有效评估自己产品营销的一个整体水平。

（3）私域流量不好做，公域流量做不起。

药店的未来走势有四个大方向，分别是商品在线化、客户在线化、数字画像和智能推荐。然而，目前众多药店往往只做到了商品在线化，后面三个只有部分大型头部连锁药企能够做到。当前几乎所有的连锁零售药店都拥有自己的线上商城，然而真正做得好的只有不到10%，根本原因在于：一是平台型B2C和O2O电商"压榨"了流量；二是医药的标准化属性很难让顾客产生强黏性。然而，连锁药店入驻平台将面临同行竞争,例如平台收取技术服务费、坑位费,营销活动等都严重侵削了连锁药店本就由于集采导致的微薄利润,所以目前都只是处于一个砸钱抢流量的阶段,没有营造良好的公域医疗在线零售环境。

生态整合已是大势所趋,行业资源向头部企业集中,互联网及配送体系的完善加剧了医药快送市场的争夺战,对全国布局的头部企业而言,打响O2O医药快送市场争夺战的那一刻起,流量就成为各方竞争追求的主要目标。流量竞争是其从传统零售向新零售转变的必经历程,是在实体零售遭遇客流下降、利润滑坡困局,借助O2O冲出重围的一大杀器,也或将是下一轮并购整合的前兆。

同时,对于医药产业的未来发展而言,O2O模式能够在大数据分析、精细化运营、打破区域限制等方面独占优势。通过5G、AI（Artificial Intelligence,即人工智能）技术、云计算等创新技术手段,构建多元化的服务场景应用,通过数据融合和数据交互,为药企提供从数据分析、业务洞察到智能决策全方位一体化解决方案,更好地实现企业降本增效,打造出医药O2O模式下的数智化商业新模式。

三、人才管理之困

在过去,不少企业都会用一些考核制度来管理人才,比如KPI（Key Performance Indicator,即关键绩效指标）制度。KPI主要就是企业将短期财务指标（如净资产收益率、利润、销售收入）作为公司的关键绩效指标来考核公司高管,并层层向下分解,被戏称为"千斤重担万人挑，人人头上有指标"。

在这种看不到尽头的压力之下，大部分员工追求的并不会是100分，而是及格就好。KPI只是一个工具，衡量员工有没有上足8小时班、打了多少电话、完成多少业绩的标准。这个时候，起点是0分，员工的心态是"60分万岁"。

KPI的制定，在可量化标准的时候，单位时间的量级就是衡量标准，比如传统销售；不能量化的时候，就看事情的价值判断，能为可量化工作带来多少好处，越触碰可量化工作的核心，价值分越高，反之越低；同时，单位时间的完成进度比和完成后对可量化工作产生的影响，也成为衡量标准，比如市场营销；创新业务的衡量标准则是完成与没完成，不存在完成多少。

在这里举一个历史上的知名案例，那就是"王安石变法"。简单地说一下其中的青苗法。王安石当时为了充实国库，以国家的名义向民间放贷，主要是在庄稼青黄不接之时，借钱给农民群体。在此之前，农民都是向富户借钱，利息特别高，而此法一出，利息低廉了很多。但是为什么大部分人包括这些农民在内都非常抗拒这一场变法呢？因为除了动了富户的蛋糕以外，更主要的是，底下的官员为了完成指标任务，也就是类似KPI的东西，强迫百姓借贷，不管你有没有需求，都要向朝廷借钱，百姓也因此负担了不必要的利息。

乍一看，这场变法的失败是在于用人不当，但如果你深思之后就会发现，其实这个规则本身就有问题。只是想当然地制定了规则，却没有考虑到"人性"，最主要的是，它无法使国家的利益、官员的利益、吏员的利益和百姓的利益得到统一。

不可否认的是，很多政策的出发点都是好的，为什么一旦到了执行层面就变了味呢？究其原因，就是制定规则的人过于理想化，没有考虑到人性的复杂。很多时候，为了保障执行，会出台一系列考核执行的措施，却导致 KPI 流于表面，深层次地伤害了百姓的利益。

俗话说："以史为镜，可以知兴替；以人为镜，可以明得失。"王安石的这场变法可以说只是一个空头支票，最终变成了国与民争利、官与民争利、吏与民争利，变法不失败才怪。这和现在的企业管理是一个问题，如果你非让不可量化的工作要量化标准，那员工的心态就会从原本目标是全部答对题目，变为挑 60 分的题目做做算了。

如今大部分传统企业都面临着内部组织架构陈旧、业务流程固化带来的束缚、内部管理过时等问题。而这些问题又引发了业务流程固化、产品老化、模式僵化等难题。

传统企业要想改变困境，完成数字化转型，第一步就要实现企业内部管理数字化，及早对内部进行改造，借助企业数字共生平台，全面构建企业的业务能力。这样，企业才能更快速地走进平台时代，并适应数智化潮流。

内部管理分成两部分，一个是员工管理，另一个则是客户管理。过去，员工的工作状态和绩效评估取决于部门主管的主观判断，而数智化管理更为客观，无论员工处于何种岗位，企业都应该使用数据来判断和管理员工。同时，企业的决策和客户信息存储也应数智化，只有这样才能准确把握用户需求，实现精准的营销推广。

目前，已经有不少企业开始借助数智化平台来梳理和管理企业数据、分析数据、应用数据，提升管理精细度等，大大提升了企业运营和经营的能力，实现了精细化管理。

以某建材集团为例，在企业的日常管理中，工作流程复杂，处理效率低下，亟须移动化办公改变现状，而原有的业务系统无法满足这些需求。为此，他们通过与经验丰富的数智化服务商合作，整合业务应用，统一移动门户入口，实现了集团的移动办公和员工智能排岗，极大地提升了企业的管理效率，大大降低了管理成本。

企业应及早与经验丰富的数智化服务商合作，通过构建数智化平台更科学地管理员工、查看员工的工作状态，包括销售人员本月的交易量、销售量等。而同时，员工也可以在后台完成从客户获取、客户识别、跟进和转换到交易管理的全过程，从而将所有的客户数据留存下来，实现了企业的所有员工都可以在线协作并共享客户数据。这样做的好处之一是，即使某一个员工离开公司，也可以在企业管理后台一键完成对客户的交接。

总之，传统企业要想成功转型，就要先由内转变，才能向外谋求出路。传统企业在改革的过程中，如果没有逻辑意识，就无法科学地进行改革。在我们面临转型的困境之时，企业改革的逻辑层次应该是：意识层—商业模式层—战略层—组织架构层—运营层。

第二章

传统行业的痛点

> 创新和改革是企业获得新生的必经之路。

在上一章中我们提到过，企业改革的逻辑层次应该是：意识层—商业模式层—战略层—组织架构层—运营层。简单地概括，其实就是领导的经营思路先改变，然后再找准"铺路"的材料，之后是制定好"铺路"的策略，接下来是分配好工作以及制定工作流程，在这一系列准备工作完成之后，才能够开始"修路"。在"修路"的过程中，还要根据实际状况调整"修路"策略，也就是我们在实际运营的过程中，要不断地根据市场现状来调整运营策略。

可以这么说，企业改革永远没有尽头，不是在改革的路上，就是在探索改革的途中。因为时代的脚步一直在向前，只有不断地跟着它的脚印进行改革，完成适应时代变化的转型，才能不被新时代所抛弃。

那么，同样的，在互联网时代，传统企业想要转型，谋求生机，也可以按照改革的逻辑来进行。上一章给大家讲解了在新的商业时代，企业的掌舵人该怎么转变思路，在本章会继续和大家深入分析"修路"的步骤，以及如何找准合适的商业模式，希望能给大家带来一些启发和帮助。

在"修路"之前，我们要先认识一下行走在"旧路"上的一些痛点。通常来说，传统企业如今主要面临三大类痛点。

一、价值链的链条过长

所谓价值链，就是一个企业创造价值过程中的所有流程，涵盖设计、生产、销售、营销、售后、服务、供应、渠道等所有生产价值的活动。

在过去传统的商业模式和市场环境中，产业价值链通常是线性的、单向的，就像一排整齐行走的蚂蚁。但在这种商业模式和市场环境中，你只是其中的一个蚂蚁，遵循既定的秩序和前进的步伐，只能看到前面的一个蚂蚁，看不到整个队伍的形成、起点和终点。而平台战略能够把你从这一列队伍中拉出来，带你到高空中鸟瞰全局。这样，你不但可以轻易地了解到整个队伍的状况，更重要的是，可以很容易地就了解到不同行业的全部面貌，有利于你预判市场的发展方向。

在过去，企业的价值链过长，企业除了增加不少的人力成本以外，同时也浪费了不少的时间成本。如果制度不严格，就会导致部门之间顺序混乱、相互挤压、质量低下、工作分散。

因此，大部分传统企业的痛点之一就在于价值链太长、协同性太强，行业过于强调标准化，难以满足个性化需求，专业化发展导致"孤立、碎片化"。为了适应"去中间化""去中心化"和"去边界化"的趋势，需要通过平台转型，缩短产业链，带来丰富多样性，实现跨境融合。

如果想要彻底解决价值链过长的问题，首先应从内部改革入手。正如我们前面所说，领导人需要知道如何"分权"，一个成功的商业领袖通常知道如何分配权力。因此，我们在构建平台业务模型之时，也需要提前做好"去中心化"的规划。即便平台企业的能力很均衡，在各方面都具有优势，也应该让各种合作者、参与者进入平台，才能形成合理的生态系统。简单来说，企业在进行平台转型的时候，要懂得"打破、放弃、离开"，把旧的、不专业的规则去掉，同时引进合作者、参与者。

以餐饮业为例，比如你是一名厨师，直接和营销人员一起讨论市场需求，根据需求研发菜品，统一目标，是不是就会减少不少不必要的沟通，缩减时间和人力成本呢？

一个企业转型的第一步，必须是能够看见行业重塑之后的模样，也就是一种更高效、更能够满足供需匹配的产业愿景。要搭建平台，就是要把传统价值链的模式打破，进行重新设计。在这个过程中，需要破除一些旧有的范式，去除传统价值链上一些旧有的组织，同时也建立一些新的规则，引入新的资源方。

简单地概括，就是要对行业中的价值创造和价值分配部分进行重新改造，对行业上下游进行梳理，找到行业的痛点和亮点，重新建立新的商业模式、秩序和运营方式。

二、生产过于标准化，缺乏个性化

20世纪商业社会的特征之一，就是标准化的流水线作业。在那个时代，标准化大规模的生产，能够极大地降低生产成本，加快生产进度，满足大部分消费者的需求。但如今，标准化大规模的生产已经难以满足消费者日益增长的个性化消费需求，他们想要独特的产品来展示自己的个性，表达对生活的态度。同时，消费者对产品和服务的要求也在提高。然而，传统企业仍然受到标准化生产和服务的束缚，无法满足消费者的个性化需求。

因此，传统企业平台转型的第二个方向就是利用平台商业模式带来的丰富性和多样性，帮助企业克服批量生产缺乏个性特征的弊端。

在平台上，汇聚了大量的群体，其中一些群体扮演着需求方的角色，另一些扮演着供给方的角色。我们称之为平台的"边"，这个"边"可以形成规模效应，为彼此提供丰富的选择。在传统的垂直模式下，企业的生产和销售能力是有限的，产品的局限性较大。而在平台模式下，它的生产、销售和供应能力取决于它的"边"，即参与者，因此它包含着巨大的社会潜力。

此外，平台规模越大，参与者越多，平台上产生的服务和商品就越丰富，数量也就越多，这将聚集更多想要获得多种产品或服务的参与者，从而刺激不断创新。因此，与垂直模式相比，平台商业模式所激发的多样性和个性化也得到了极大的扩展。

平台可以实现服务和产品的多样性，循环促进供需群体，形成跨境网络效应，因此，当有更多的"边"提供产品或服务时，就会有更多的"边"享受产品或服务，反之亦然。

同时，平台也具有同样的网络效应，即当一方用户规模增大时，会影响同一方群中其他用户的有效性，这种合作趋势让同行之间能够共同拓展市场。

三、企业之间各自为政

传统产业高度独立，注重技术产业的专业化，即使是多元化的集团企业，每个业务部门仍然相对独立，专注于自身行业。企业普遍倾向于选择深耕来积累深刻的经验，为将来做大做强做准备，传统行业的领导者一方面觉得没有必要跨行业做自己的生意，另一方面觉得跨行业太难了。

但市场形势正在悄然发生变化。过去，产品的用途单一，但现在产品的用途变得更为复杂。手机不再只是一种聊天工具，它还具有许多功能，比如摄影、音乐、游戏，甚至是运动监控，它已经成为一个移动娱乐和工作的平台。这种状况对于企业来说也是一样的，过去某一个企业往往只从事一个行业，但现在不少企业已经开始拓展多样产业。比如，亚马逊已经从商品销售扩展到云计算数据服务，优步已经从指定车辆发展到提供快餐甚至冰淇淋的实时服务，华为已经从通信设备制造跨越国界进入汽车领域，等等。

这也就意味着，行业之间的界限正在变得模糊。企业面临的竞争对手不仅来自行业内，还来自行业外，而这些行业外的人正带着创新的技术和模式入侵传统企业。因此，行业边界的消失颠覆了传统企业积累的竞争优势。

在这种背景下，传统企业不能再"独善其身"，不能固守一个行业，因为行业外的挑战者会随时颠覆传统行业的老板地位。

传统产业转型的第三个方向是利用平台商业模式进行跨境整合，帮助传统企业进行跨境整合，改变"各自为政"的现状，挖掘增长亮点，通过与其他产业的整合，为用户提供整体解决方案。

平台模式具有缩短产业链、带来丰富多样性、帮助跨行业融合的优势，因此，越来越多的企业开始涉足平台模式，就连一些长期以来被称为垂直模式的企业也在通过平台模式逐步拓展业务，扩大参与领域。

为了解决上述这些痛点，就要顺应时代潮流，转型平台型企业。平台型企业不仅能够满足互联网的时代之需，还能满足精简企业链式机构需要、满足个性化定制的需求、满足永葆企业竞争力的需求以及满足激活员工活力的需求。

案例：药易购——国内首家上市的医药产业互联网企业

四川合纵药易购医药股份有限公司（以下简称药易购）成立于2007年，总部位于四川省成都市，于2021年1月27日正式登陆深交所A股资本市场，成为国内首家上市的医药产业互联网企业。

当今时代，数智技术正深刻改变着生产方式、生活方式和社会治理方式。近年来，在国家政策的推动下，互联网、大数据、云计算、人工智能等技术加速创新，医药领域数智化进程不断加强，对于医药企业来说，抓住平台经济时代机遇，加速适应新时代带来的发展诉求，已成为实现自身颠覆式发展的必然选择。

在平台经济时代背景下，药易购是如何实现华丽转身的呢？

2013年，电商平台进入快速扩张期，药易购开始向"互联网＋医药"转型，加大了线上平台的开发力度，2014年药易购B2B生态电商平台上线，多年来"11·9"系列活动屡创成交额新高，并在产业化、品牌化、规模化上不断取得突破，形成了极具知名度与行业影响力的电商平台革新模式，平台自成立以来，先后获得了包括"最具影响力医药电商品牌""最具投资价值医药电商企业""中国医药商业百强企业"等多个奖项，得到行业内外的一致认可。

2019年，在新技术、新动能的驱动下，国内医药产业结构进入深度、多元化的调整阶段。这一年药易购与神鸟健康携手探索医药数智化产业生态，并成立大数据中心实验室，加快医药产业信息化基础设施建设，促进创新技术同实体经济深度融合，积极开展多边数智应用合作，进一步构建院外市场的全链条医药服务生态体系，加速向数智新生态布局全面迈进。

2021年1月27日，备受行业内外关注的药易购正式完成A股上市，成为国内首家上市医药产业互联网企业。药易购成功上市，不仅是其企业发展的重要里程碑，也是医药产业数智化发展的重要成果，更是传统医药流通企业成功转型升级的生动实践。

2022年，在新一届董事会与管理团队的带领下，药易购正式开启了战略与生态双升级，以全渠道供应链为核心、以数智创新技术为驱动，通过人才与资本加速发展，从医药流通行业的知名品牌成长蜕变为医药产业互联网先锋企业。随着创新业务的不断发展，逐步构建了医药B2B电商、医药批发、新工业模式、智能物流、医疗新媒体矩

平台 战略

阵、数智化赋能、互联网医疗及健康服务、健康新媒体、B2C 互联网零售药店、健康投资管理等在内的商业版图，多引擎增长驱动效应明显。

纵观其发展历程，可以看出，药易购每次在风口上的抉择都为传统医药企业和互联网相碰撞产生了积极影响。平台经济时代企业的发展不在于拥有多少资源，而在于能连接多少资源、调动多少资源，谁能率先建立起完整的产业生态系统，准确把握住新技术、新业态、新模式的演化规律，谁就能抓住产业的未来发展机遇。

具体来看，在商业端，药易购通过技术赋能、运营赋能、产品赋能、资本赋能等模式驱动，助力商业端以平台型企业规模化运营思维，打造符合市场需求的产品与方案。同时，药易购发挥在仓储物流领域的领先优势，自建直配物流体系，由全资子公司药易达物流独立运营，通过供应链的流量、技术、运营、服务等多维度探索，将智能仓储与智慧物流紧密结合，建立起服务全、布局广、时效快的全渠道仓储物流体系，形成覆盖全省的综合性运输网络，为用户、企业带来更加高效、便捷的服务体验。

在终端，药易购在聚焦经营能力和盈利水平的同时，将终端基础建设与区域特色相结合，通过强大的供应链、数据与全域营销能力，由控股子公司健康之家、康乐康连锁、易购为民等大力拓展线上线下零售业务，由控股子公司四川名医构建线上健康融媒体矩阵，形成有力的多维度新媒体平台传播载体，并通过成立神鸟互联网医院实现对医疗资源的合理配置，创新医疗服务模式，完成从传统医疗服务模式向智慧大健康模式的转型升级，构建出医患药三位一体的闭环系统，打造出顺应时代发展的医药零售终端增长策略。

在工业端，药易购进一步在新工业板块拓展探索，在 MAH、

ODM、CRO等板块持续发力，持续加大与上游生产企业及药品研发机构的合作深度与广度，旗下金沛方药业打造了自有品牌产品矩阵，布局千款优选普药、百款特色产品和10多种黄金单品。同时，通过打造神鸟MAH超级转化平台，以千亿级实时研发、产品与流通数据为支撑，为全球工业端与研发端提供MAH医药综合智库服务。

此外，药易购聚焦新时代营销，以消费者为中心，围绕产业布局与品牌升级着手实现全域扩张与增长变现，先后入驻天猫、京东、拼多多、饿了么等平台开展B2C业务，并依托线下门店布局，实现O2O业务多渠道全覆盖，通过全渠道的方式为消费者提供全方位的健康服务；与抖音等社交电商的新兴平台达成合作，成立大健康直播产业园，通过建立直播电商生态体系，为大健康行业提供从推广到变现的一站式解决方案；通过控股重庆药大麦，持续补强在C端的运营和销售能力，全面提升C端全链条服务能力。

如今，多元创新发展已成为支撑产业提质增效的关键引擎。面对全球大健康产业发展态势和人民健康需求，药易购通过从医药产业企业到产业互联网企业的升级，通过医药大健康生态平台的构建，大大提升了市场竞争力与盈利能力，运用数智化平台形成了良好的发展态势和长远的战略布局。

随着我国迈入全面建设社会主义现代化国家的新征程，企业管理者必须意识到，平台经济与数字经济作为经济增长的重要源泉与提高全要素生产率的重要途径，既是促进企业高质量发展的重要载体，更是保证产业可持续发展的重要依托。而如何将科技成果转化成为经济价值，如何更好地应用这些技术成果，使更多企业从中获益，或许可以在药易购的转型升级道路中得到启示。

/ 第三章 /

平台时代的新思路

> 平庸的管理者只会禁锢人的能力，优秀的领导人却能释放人的能量。

要想改变出路，必先改变思路。改革，要从解放思想开始。纵观历史，人类的每一次大发展，往往都伴随着一次思想大解放，而每一次思想大解放，又反过来促进了大发展。

这是一个风云变幻的世界，也是一个充满机会与挑战的时代，许多企业和企业家每天都在谈论创新。但事实上，他们仍然缺乏抓住机遇的能力，他们没有足够的准备来应对挑战，他们不知道如何找到正确的管理创新的起点。面对新变化、新形势、新发展和新的业务竞争模式，企业管理思想的转变比模式的转变更重要。

在新的商业时代，唯有改变才能生存，不改变就要面临淘汰。即使是同样的改变，变快变慢的效果也不一样。在企业的改革中，我们不能做蜗牛，要做斗士，只有不断进取，争分夺秒，成为行业标杆，才能做大做强，赢得稳固的社会地位。

从互联网到移动互联网，从大数据到云计算，从传统到人工智能，市场变化日新月异。在不断变化的世界中，有的企业抓住机遇赢得发展，有的企业错过机遇失去发展。这最根本的区别就是企业管理者适应时代观念的差异，你不跟随时代，停滞不前，你就不会有机会。

在国内，传统企业的很多老板和高管都出生于20世纪60年代末和70年代中期，他们的优势在于经验丰富和勤奋；他们的弱点是喜欢循序渐进，创新的动力较低，而且往往既不消极也不完全认同新事物。面对全新的市场格局，他们表现出越怕被动挨打、越怕被淘汰，越难前进的困境。

传统企业管理要想在新时代获得更大的成功，就要做好新旧趋势的融合。比如，阿里巴巴就采用了新旧架构、新旧理念相组合的管理模式来作为过渡，管理团队中不仅有"60后""70后"管理者，还有"85后""90后"新生力量。在授权上，采取重大决策先民主后集中的管理模式，这不仅避免了大幅跃进的风险，也避免了停滞不前带来的危机。

在前面一章，我们给大家分析了一下传统企业面临的困境都有哪些。互联网时代已经来临，我们应该积极行动起来，主动改变自己，否则就会失去竞争力，退出历史舞台。在前面我们也说过，在平台商业时代，经营者们的挑战在于如今企业最大的危机是打不开自己的格局和胸怀。那么，该怎么转变我们被"传统"束缚已久的想法呢？在本章，将给大家做一个详细的介绍。

一、员工是你的"合伙人"

简单的"雇佣时代"已经过去,那种老板花点钱请人来打工的时代氛围,恐怕正渐渐消失。

一方面,创业已经成为越来越多人的选择。无论创业有多么不容易或风险有多么大,我们都必须承认,在互联网时代,获取资本、信息、人才等资源的便利以及等待变革的巨大市场机会,正在大大降低创业门槛。在这个信息对称的时代,正酝酿着创业和创新的最佳环境。

另一方面,成长于互联网时代、离开短缺经济时代的员工,与上一代相比发生了巨大变化,他们的理想、目标和动机都和上一代有着巨大的差异,单靠薪酬对他们已不再具有足够的吸引力。更重要的是,对于企业来说,过高的工资支付也是一种不可持续的压力。许多新公司,正在展示越来越多的"中国合作伙伴"故事,外部人才氛围发生了巨大变化。

在这样的社会环境下,仅仅超前于传统的"就业式"方式,"我付费,你贡献",已经无法凝聚人才,也不可能充分发挥人才的价值,同样也不太可能给那些只愿意拿着薪水的人一个更好的未来。而留不住人才,没有了士兵,只有领导,企业又拿什么去攻城略地,发展又从何说起?

因此,老板和员工发展成为一种"伙伴关系"已经成为当今社会的一种潮流,也可以说是"刚需"。老板应该真正树立与员工共同发展、共同创业、共同分享利润、共同分担权责的心态。这种机制是顺应时代潮流的选择,能够真正激励员工将自身利益与企业利益紧密相连在一起。

无论是互联网新贵、巨头还是传统经营者，越来越多的企业选择了合作模式。至于如何运作，有多种模式，合资合作是合伙制、股权分配是合伙制、股利分配是合伙制、利润分享是合伙制、内部经营责任制是合伙制、项目责任制是合伙制，简而言之一句话，员工的贡献与回报成正比，就是合作关系。

二、学会放手放权

从根本上来说，老板也是企业中最重要的人才资源，理应发挥最有价值的作用，更多地考虑一般管理者考虑不到的地方。但很多老板经常沉浸在巨大的日常事务中，没有时间去思考战略、框架性的事情，这无论是对他自己还是企业来说，都是一个巨大的损失。在一家企业成立之初，老板可以做到事必躬亲，但是随着公司的发展，老板的角色必须开始改变。

如果老板还是和过去一样，什么都要管，那么可能会导致以下后果：第一，其他管理层不会管理、不能管理、不想管理，因为既然什么都要你老板来拍板，那么我们就不必自讨没趣，万一说错了，做了不合老板心意的决定，不仅可能会遭到老板的猜忌，更重要的是，会影响到自己的"仕途"。那么对于这些高管来说，什么都听老板的才最稳妥。第二，企业无法建立有效的管理机制，以人治代替法治。第三，老板没有时间去考虑和决策更重要的工作。更重要的是，这种管理看似很严格，事实上往往很难落实到位，因为老板没有那么多精力和能力来真正"控制"这些事情。往往只是"遮掩"而已,在过去企业管理较为粗放的时代,这些也可以混为一谈,但在信息社会的互联网时代,这种"玩法"可能很难继续下去。

对于老板来说,日常事务应该由"规则"管理,由管理层执行。作为一个老板,最重要的是要注意一些"不同寻常"的事情、一些更重要的事情,也就是你每天都看不到的事情,或者你通常不知道的事情,如战略、模式、投资、项目、企业文化、高层团队建设等。

很多老板对"权力"两个字非常敏感,谈"权"色变,认为分权对他们来说是"致命"的,因为权力背后牵扯着太多的利益。当然了,分权也不能乱分,分得不妥当,很容易让企业出现内乱,让企业内部形成"党派之争",间接败坏企业的风气。

就像我们前面提到的"王安石变法"一样,因为变法触碰了朝堂上大部分人的利益,为了算计各自的得失和名利,让一向和谐的官员们分成了对立的两派。最终,这场变法因为动了别人的蛋糕,以及上下不齐心等原因,只能以失败告终。

历史的教训虽然犹在眼前,但是我们无须过分担心。分权其实并没有那么可怕,企业之所以会出现内乱这种情况,究根到底,还是因为企业内部没有建立基本的经营管理规则、完善基本的业务流程、制定预算管理和风险控制措施,以及缺乏相应的保障手段等。

虽然我们能够理解,大部分老板不分权,也是害怕企业出现内斗,他们宁肯"守成",也不想冒着风险去进行改革。但是,因为这样就不放权给员工也是不可取的。我们要做的,不是继续搞"一言堂",而是要完善和明确企业的内部规则,在互联网时代,老板们摆脱日常生活尤为重要。因为在快速发展的互联网平台时代,企业亟须转换和迭代经营思路，需要加快内部决策的步伐，如果老板仍然被束缚在冗繁的日常事务中，或者将其作为安全和成就的来源，那么他们很可能会错失继续前进的机会。

三、不能"独裁"

在过去，企业少，老板少，"老板"可以称得上是一种了不起的头衔和荣誉，所以这也让许多企业老板有一种优越感和自豪感。这一点，在大部分传统企业家的各种管理理念中都有所体现。

而最常见的，就是我们前面提到的"专断"的管理办法，直接点来说，老板说的就是命令。许多企业都是老板不到，管理不到位，老板对下属的方式也是简单直接的，甚至是粗暴的斥责。

这一做法也许在过去还奏效，但在当今时代面临着巨大的障碍。现在再也不是过去经济匮乏的年代，雇员们不是靠你的恩赐得到一份工作，无论是职场新人，还是跟随老板多年的"亲信"，他们都需要得到人格上的尊重。而随着公司的发展，需要逐步从外引进优秀的人才，这种方式更不可行。粗暴的管理方式已经不合时宜，现在的员工更需要和老板进行相对平等的沟通。这些正是新时代对于想成为优秀企业家的人的基本要求之一。

尤其是随着越来越多的"90后""00后"的新鲜血液进入职场，他们更需要得到尊重，在新时代的人生观、价值观、世界观下，传统的企业老板必须打破过去金字塔式管理层级下的管理观念和手法，更多地注意与员工沟通，建立"非权威影响力"。

由命令到沟通，不仅仅是一种管理行为方式的转变，更是一种思维的转变、一种文化的重构。从层级管理到平等沟通，从"皇权"观念到"平台"理念，从老板意志到全员共创，不正是这个时代所应有的价值观和文化吗？而且，在商业、经济和其他领域，决策将越来越多地以数据和分析为基础，而非基于经验和直觉。

这种现象可能也可以解释，为什么传统的企业老板们会感觉到，当前的变革比以往任何一种市场竞争都更加残酷、快速，更加具有破坏性。由于在过去信息传播和更替相对缓慢的年代，对某一方面的商业直觉的确能使业务发挥作用，例如，我们常说某位老板"精明"，特别加上传统商业固有的地域性影响，许多老板的日子还比较悠闲。但如今这样一个跨越行业、无边界、信息发展高度发达的社会环境，与过去企业成长发展的轨迹差别太大，与老板过去擅长的经营业务的实践，早已不是同一时代了。

商务直觉永远都是有用的，对于那些优秀的企业家来说，这仍然是他们判断趋势和决策的重要依据。但对于一个较大的上市集团来说，依赖它的决策恐怕也会失效的。

现在，全球互联网用户占总人口约六成，达到46.6亿（2021年统计数字），而且会有更多的人加入互联网的浪潮中，有权威数据显示，预计到2025年，全球互联网用户数量将达到62亿。

如果说在过去的商业经济活动中直觉和经验还有一点用处，那么，在这样一个移动互联的大数据时代，还利用（或者依靠）直觉与经验决策，就会被新生力量远远抛之脑后而且可能万劫不复。

对于传统的企业老板来说，一要调整心态，从先生到学生，学习再学习；二要调整人才，挑选新生代员工，并使他们成为企业的主流；三要调整内部管理制度，建立制度，使用IT工具，注意从数字上寻找问题。

在互联网的冲击下，许多传统企业和企业经营者都在寻求转型，希望能为自己的企业找到一条出路。业务模式和业务发展是首要的，在互联网时代，模式尤其重要，但同样重要的是，互联网覆盖了每个商业角落，但互联网和传统产业之间也是共生共存的，而非非此即彼。所以，作为一个传统产业，与其羡慕各种新贵，期待天上的馅饼，不如回到基本面，把"管理的常识"在企业的日常运作中好好实施。

/ 第四章 /

平台的目的就是赋能

> 平台成功的关键之一，就是连接用户。一旦所有用户之间的障碍被打破，就会形成多米诺骨牌效应。

平台战略从本质上来说，依靠的就是平台背后的用户，通过打通各平台的用户来互换资源。

互联网本身就是一个巨大的平台，它把无数的用户连接在一起，促成各方的价值交换。互联网把全世界连接起来，但是究根到底，它是把服务和资源与人联系起来，为人们的生活带来了质的变化。

大家要记住，互联网连接所有的最终目的都是赋能。我们日常生活中的各类服务，通过互联网连接能更好地沟通消费者与服务供应商的关系，使服务供应商能及时、有效地服务于消费者。

比如我们交电费，不必再用电卡、水卡或煤气卡付费了，支付宝和微信钱包就轻易地能解决这个问题；比如我们要找一家符合口味价格又合适的餐馆，就可以参考互联网上的点评网站和地图软件；再比如，当家里的电器出现故障、水管漏水的时候，通过互联网就能轻松地找到相关的服务。

平台模式已经深入我们日常生活的方方面面,从搜索引擎、社交网络、电子商务到第三方支付平台。现在,全球百强企业中,超过一半以上的收入来自苹果、谷歌、微软和时代华纳等知名企业平台的商业模式。而在中国,淘宝、腾讯、百度等公司也通过平台商业模式盈利,并继续拓展业务。

可见,各大类平台已经悄无声息地渗透进我们生活的方方面面。传统企业想要正确应对平台时代的到来,除了认识到其对商业发展的意义以外,还需要围绕着社会生活展开变革。平台是如何改变我们的社会生活的?企业在转型的过程中如何才能借助平台来为人们的社会生活赋能,谋求更大的发展?在本章我们将继续为大家逐一讲解。

一、平台时代的变革

前面我们说到,平台模式已经深入人们的衣食住行,包括搜索引擎、社交网络、电子商务以及第三方支付平台等各个方面。但是,成功的平台企业并不是单纯地为多边组织提供渠道和中介服务,其本质就是构建一个完善的、发展潜力强大的生态圈,通过激励各方群体之间的互动,形成正面的循环,推动各方群体之间的循环增长。

随着数智时代的到来,传统的实体企业也必须进行平台化的转型,未来的行业发展"要么成为平台,要么加入平台",这已经是公认的竞争法则。创造平台型的生态圈,已经成为许多企业追求的经营境界,而平台对个人生活的细微影响,也让我们必须好好读懂平台经济的书，从而让企业和个人在未来世界的竞争中掌握主动。

互联网时代的到来，极大地提高了人们的生活水平，也改变了人们的生活状态，影响着人们的生活质量。

首先，互联网平台的出现扩大了人们的交友圈，原来自己的朋友圈很小，也就在身边，而现在随着网络的发展，各种社交软件的出现，让我们可以认识到各行各业的朋友，扩大自己的交友圈。

其次，互联网平台的出现大大方便了人们的日常生活，如网上购物、网上缴费、网上订餐等。

此外，互联网平台还极大地丰富了人们的娱乐活动，如电视、电影、游戏等，都能通过网络随时观看，这也给人们带来了极大的便利，增加了人们的休闲娱乐时间。

互联网平台的出现，不仅给我们现在的生活带来了巨大的变化，而且也会在今后的发展中给人们带来更大的变化和便捷。主要表现在以下几个方面。

第一，把所有个人和机构自由联系起来。

与其说是一起玩乐，倒不如说把自己的事业和另一个人联结起来，那就是把有车的人和需要打车的人结合起来，这样就会有许多摧枯拉朽的打车软件；也可以是两个都愿意出钱的人联合，这样就有了众筹。

第二，对公司和组织进行重新定义。

人们的组织形态发生了根本性的变化。在三角形里，两边的和总是比第三边大。所以，个人点到点的连接，成本比传统的层级组织要低。在这个意义上，"互联网+"为人类进化做了组织减负，提高了组织效率。

这一改变，并不是对传统组织进行裁减，而是产生了全新的组织方式。原来沉重的层级组织，被扁平的在线直接发布取代。例如有了腾讯开放平台，数以百万计的网民成为创业者，开发应用程序400多万款。这样的公开、自由的出版方式正在成为一个实实在在的经济现象——早在2015年4月，腾讯开放平台上合伙人的收益分成就已经超过了100亿元。

第三，促进了科技极客的创业，给每一个普通人带来全新的机会。

这是一个开放的生态，QQ群既可以用于聊天，也可以卖水果、做煎饼，也有个人通过创业、写作、视频等形式参与腾讯内容制作。据权威数据统计，2019年微信带动就业约2963万个（数据来源：《2019—2020微信就业影响力报告》），这正是互联网赋能给人的全新的就业模式。

第四，这种赋能，不仅对于企业家，而且对于每一个普通人来说，都是一种释放时间能量的利器。

仍以微信为例。微信除了有社交等交互功能以外，还有不少商业性质的共享功能，比如通过微信上的城市应用功能，可以查询相关城市的信息、办理相关事务。几乎所有的商家都有微信公众号，通过它为用户推送优惠信息以及与用户进行互动。

在此值得一提的是，就连政府部门等行政机关也几乎都有微信公众号，通过政务服务功能，为老百姓提供便捷的服务，老百姓只要动动手指，就能办理相关业务。比如查询车辆违章信息以及进行缴费等，从前需要跑几个部门才能解决的问题，现在借助微信平台就能轻松地得到解决，不仅大大减少了老百姓的时间成本，也减少了政府的人力成本，同时也大大提高了政府的办事效率，从而提高了政府的公信力和好评率，极大地拉近了与民众的距离。

此外，它带来的另一项重大变化是大规模标准生产面临挑战，而大规模定制生产模式逐渐受到青睐，开始了各种不同圈层的不同人群自定义产品的必然过程。

最初生活在一个全球"生产—销售"统一体系中的几亿人，开始向自己靠拢——每个人都有自己的爱好和品位，并努力寻找和自己口味相同的人。"互联网+"不单单是将传统产业引入网络，降低流通和管理成本，更重要的是，它会产生一个以人格为核心的全新经济体系。

二、赋能从"人"开始

互联网的本质是连接、开放、协作、分享以及创新，基于互联网数据和技术支撑的平台时代也不例外。在平台时代，网络就像大自然，它连接了所有的资源和用户，但它追求的不仅仅是简单的数量上的增长，而是跃迁和进化。要达到以上目的，就要以"社会"为核心进行改革，可以通过以下几点来实行。

1. 平台的价值观要"以人为核心，以人为本"

平台创造价值的首要条件，就是以人为核心，满足人的需要，社交促进人的关系、生态关注人的生存。平台可以赋能个人、成就个人，给每一个人更大的空间，让人拥有更多的想象力和创造力。

因此，我们企业的产品价值要以能够满足用户需求为起点，才能创造出巨大的全新价值，平台只有和所有参与者共同收获价值，才能形成生态价值。

大家要记住，产品、平台、企业、社区、市场以及整个生态系统，都是为人而存在的。

2. 平台应处理好与社会各方面的关系

平台需要平衡好与社会各方面的关系，比如技术、创新、道德、经济、社会、政府、个人、管道、用户、平台等。

在这些基础上，技术是1，其他都是后面的0，它能够保持平台自身不断地创新。道德是平台的价值观，关系比较隐蔽。管道则是指平台上产品和服务的提供者。

数据能力和安全能力是网络平台技术的核心，是网络平台运行的基石。四大技术力量是指网络平台中的大数据、云计算、社会和移动。所有成功的网络平台公司都必须是数据公司。

我们前面说过，几乎大部分平台的核心功能，都是为了赋能，也就是为海量用户提供更优、更独特、性价比更高、精确匹配的产品和服务。此外，平台解放了共享的精神，重建了陌生人之间的信任，使各类互联网经济共享平台得以出现，并聚集了大众共享的新价值，提高了整个社会的资源利用效率。

互联网平台不仅由参与方的经济利益驱动，而且由人性驱动，其重要意义在于：人的分享意愿对行为的影响大于利益回报。

3. 围绕"人"进行营销体系的改革

平台和用户之间的联系是一种高黏性、相互依赖、深层次互动、长时间相处的日常关系。互联网平台必将吸引、激发、释放更多个体的才智和创造力，让更多人开始并充分实现自我价值。

（1）可移动的。

随着互联网移动化的趋势，信息极度碎片化，人们的时间成本也大量分散，运营商首先要获得用户时间。比如一个品牌的忠实用户，今天能得到多少该用户的时间，则代表该用户对你的忠诚度有多高，时间是一个非常重要的价值指标。许多企业一直在做运营，但始终不能留住用户的时间，自然就没有后续让用户变现的可能。

（2）场景化。

目前有很多技术对场景化做了更深层次的挖掘，包括场景中的用户黏性、留存、复存等，甚至需要达到一个边缘线。

在相关机构披露的2021年电商零售平台市场份额中，市场占比前五名的分别为：淘宝51%、京东20%、拼多多15%、抖音电商5%、快手电商4%，剩下不到5%的市场份额由苏宁易购、唯品会、得物等平台瓜分。

中国电商市场不断易手，新的电商格局已经成形，但也只是暂时的。

（3）数据化。

资料必须精确、高效、精细，长久以来，使用者行为基本上就是没有隐私的，所有的行为都将受到监控。作为一个以人为中心的社会化营销系统，企业移动端的兴起彻底改变了企业获取用户的方式。

分裂是有负担的，人们对物品的偏好，既是疏离，也是为了区别群体的存在，同好是一种寻求一致的冒险。每个人或多或少都有团体标签，但同时作为独立的个体又有自己的个性，也有其他维度的需要。事实上，我们一直和这个世界"相爱相杀"，这是很典型的现象，不愿被分类，又愿将其分类。在数据分析方面，这是很麻烦的，因为对用户的了解并不是通过历史数据来衡量用户是否是 VIP 客户，可以有多种层面。例如，今天喜欢这个牌子就下订单，但不会产生重复购买，如果该品牌反复迭代，有可能再次召回流失的客户，而背后的原因则无从知道，这是非常尴尬的。

案例：每日优鲜生鲜平台——从有人的地方开始

近年来，平台技术的崛起，给很多行业提供了新的发展机会。以生鲜平台为例，人们消费习惯的改变以及疫情的影响，让他们完成了从社区"菜贩子"到"保供榜样"的华丽转变，这一转变，也从侧面反映出整个社会对生鲜电商价值的接受与认可。在这些生鲜平台中，每日优鲜平台是受关注度较高的平台之一。

每日优鲜是社区实时零售领域的先驱企业，为用户提供优质生鲜食品和快速消费品的实时配送服务。它开创了前端仓库模式，"以最快的速度在 30 分钟内到达家"。当时，前仓模式作为一个新品种迅速占领了社区零售市场。每日优鲜成功抢占行业分店，成为首家在纳斯达克上市的社区零售数字企业。

事实上，在 2020 年疫情发生之初，由于很多人自愿留在家中，每天购买优质食品的订单数量急剧增加。许多人开始尝试在网上购买蔬菜，即使生活恢复正常，仍然继续着这个习惯。

而通过此次疫情，我们也能看到生鲜市场的庞大需求。相关研究报告显示，由于疫情影响，有2亿人（约占中国人口的14%）每日需要通过互联网渠道获得日常必需品，而这些必需品主要是生鲜类的食品。

传统线下菜市场虽然扎根社区多年，商户数量庞大、流动性强、商品的种类繁多，但运营者的营收渠道单一，对菜市场的配套和设施等投入相对较低，"脏乱差"的市场环境也无法给消费者带来更好的购物体验。同时，硬件落后、生长弱、监管难是当前传统蔬菜市场面临的三座大山。

而每日优鲜的战略布局就是因地制宜，从蔬菜市场的两个方面进行转变，即突出蔬菜市场本身的优势——烟火气，又赋予其新的活力——数字化，也就是通过建立线上平台，为线下传统菜市场注入新的活力。

通过平台化运营，让蔬菜市场不再只是一个简单的交易场所，而是一个集新鲜购物、增值服务和标准超市于一体的社区购物中心。例如，在购买蔬菜的同时，蔬菜市场还可以提供洗衣服务、医疗保健，并创建一站式场景，以便人们可以购买到更好的蔬菜。与传统单一业态的生鲜零售相比，每日优鲜通过引入更多的业态，吸引到了更多接触的消费者，增加用户的黏性，增加蔬菜市场的收入。同时，非生鲜蔬菜的利润率较高，可以提高整个蔬菜市场的利润。

更值得关注的是，每日优鲜还将过去几年在前端仓库中发现的数字体验，即其在智能零售产业链上的方法，应用于为商家建立线上和线下全渠道服务，帮助商家管理线下私有域流量，并将其引导到在线

第一部分 平台时代的到来

平台。一方面，它为消费者提供了更多的商品选择，另一方面，它允许商家从在线平台销售中获得更多收入。在线上和线下购物之间建立无缝连接，可以让消费者拥有高效便捷的购物体验。

前仓就像是一个小仓库，设在办公楼或社区靠近消费者的地方。用户下单后，货物就从附近的零售店发货，而不是从远在郊区的仓库发货。这是一个重要的前提，以支持30分钟内交付3千米范围内的商店。利用前仓的低成本模式，使商店的品类广度和服务深度得到提升。

前仓模式之所以出现，是因为随着大城市生活水平的提高和生活节奏的加快，人们希望生活"又快又好"，希望在采购时间成本和商品性价比之间找到最佳组合。

在反复的疫情中，前仓的其他特征也受到了关注。因为它是一个"暗店"，场景只是为了完成商品的储存和流通以及"最后一公里"的配送，而不是消费者真正需要选择线下交易。这种模式不仅能保证人们快速、便利购买，还能最大限度地减少人员聚集和人员接触，降低病毒传播的风险。

而它成功的背后，正是因为它在连接人们的社会生活的基础上，给人们创造了一种前所未有的、全新的生活方式。

生鲜平台的成功，能给我们的企业带来什么启示呢？

其实，做数智化平台值得向每日优鲜学习。通过将传统场景之下的老客户进行留存，以新的购物场景吸引新客户，将用户吸纳进来以后，就可以通过大数据为用户进行个性化推荐，从而盘活新老客户关系链。在这个基础上，再开发与产品相关的辅助功能，比如医药企业，可以开发在线咨询、健康管家等功能。从流量到"留量"，从社交到服务，就是数智化为企业带来的价值。

随着互联网与产业融合的不断深化，平台的种类越来越丰富，与产业融合的范围越来越广，平台也逐渐从一种商业现象发展为一种经济形态。

由长城企业战略研究所发布的《平台经济：新经济发展引擎》报告显示，全球15大互联网企业都以平台模式运作，世界上最大的100家企业中有60家，其主要收入模式都来自平台模式，2016年国内独角兽企业榜上，估值位于前15位的企业有11家采用平台模式运营，这意味着，我们已经进入了平台经济时代。

人类在经历了千百年的进化后，如果要感谢千载难逢的科技变革，那么，对人类社会发展来说意义最大的变革有火、电力，以及互联网。

在互联网平台时代，不单是每个人都联机，每个人更多地成为网络的一部分，而互联网更成为所有行业的基础设施，正如19世纪后电力成为所有行业的基石一样。不在这一全新基础上提升自身的实体经济，都会面临被淘汰的危险，其汹涌之势是如此的不容置辩。从这时起，互联网开始成为人类进化的一个新的加速器。

当下正是各个传统企业面临变革的时代，世界变得扁平，人变得透明，组织边界变得模糊。信息时代、网络时代、DT（Data Technology，即数据科技）时代、平台时代，等等，从不同的角度看，有不同的说法。

新时代把时代的特点定位为平台，除了对网络平台的认识，还有更多未知需要我们去探索，需要人类去了解。平台越透明、组织边界越模糊、个人自由发挥的空间能量越大,未来的发展就越快。

作为新经济发展的重要引擎,平台经济不仅体现在推动传统转型升级、引领新兴产业方面,而且体现在平台经济已成为孵化独角兽企业的重要源泉,独角兽企业是新经济爆发式增长的重要推动力。

想要应对平台时代的到来,就要了解平台是如何推动经济发展的,接下来,将继续为大家做详细的讲解。

三、平台经济未来已来

相信大家都听过一句话:"非法的致富捷径都写在刑法里。"非法的事我们不能干,想要寻找最快的致富捷径,其实可以关注国家最新颁布的政策,合法的致富途径都写在与经济发展相关的政策里。

大部分老板都懂得一个道理,那就是经商跟着国家政策好赚钱。做生意就是要顺势而为的,国家出台的与经济发展相关的政策往往蕴藏着当下最佳的商业趋势,只有跟着趋势走,才能搭上致富和发展的顺风车。

当前,我国已经进入了平台经济爆发式增长的关键时期,国家以及各地方政府也对平台经济给予了足够的重视,重点发展平台经济,使之成为新经济发展的重要引擎。

在国内,平台经济发展的优势主要有如下几点。

(1)中国在云计算、大数据、物联网、人工智能等技术领域迅速崛起,在经济和社会领域的渗透日益深入,为平台经济的发展提供了完善的基础服务。比如,云计算作为存储、处理、分析数据的主要技术，其成本、效率优势明显，已逐渐成为云计算平台建设的基石。大数据、人工智能等则使得平台成为智能平台，实现自我学习、自我进化，优化体验平台，拓展业务平台。

（2）我国的"双创"战略促进大规模、多元化的创业企业的诞生，成为平台发展的经济基础，促进了创新创业生态的发展。小型企业数量急剧增加，极速拉动网络平台规模迅速扩大，实现指数级增长。与此同时，平台上的创业型和小型企业提供了丰富的产品和服务，能够迅速满足消费者对"小多快专"多样化、个性化的需求，从而吸引更多的消费者加入这个平台中，形成正向网络扩张效应，极大地促进了平台的发展。

（3）中国网民规模庞大，为平台经济的发展提供了巨大的市场。消费长尾需求，创造了市场定位，为平台参与主体的多样化创造了可能。

中国互联网络信息中心（CNNIC）发布第49次中国互联网报告显示，截至2021年12月，我国网民规模达10.32亿，互联网普及率达73.0%，即时通信、网络视频、短视频用户使用率分别为97.5%、94.5%和90.5%，用户规模分别达10.07亿、9.75亿和9.34亿。我国网民人均每周上网时长达到28.5个小时，较2020年12月提升2.3个小时。另据《中国互联网发展报告2021》统计，2020年我国数字经济规模达到39.2万亿元，占GDP比重达38.6%。互联网经济已成为影响我国经济发展的重要力量。

此外，我国互联网与产业深度融合，也为平台经济提供了广阔的产业空间。高渗透性的互联网与产业融合带来了各种数字化产业，为平台经济的进一步深化发展提供了基础和契机。

与此同时，随着互联网与产业的融合程度逐渐加深，产业的应用平台模式也越来越多样化。平台型组织的资源种类越来越多，对资源的组织能力也越来越强，并由此产生了众多新兴产业领域的平台，激发了大量的新业态。现在，阿里巴巴、百度、腾讯、京东等世界15大互联网公司都是以平台模式运作的。

与此同时，平台巨头企业也在构建产业生态系统，即从为供需双方提供交易的第三方平台转变为同时为各类专业第三方平台服务商提供支持、孵化和发展服务的第四方平台，发挥新兴产业的创新创业孵化器作用，并由此形成推动经济结构转型升级的新兴力量。

较早的平台经济发展，以直接面向终端消费者的电商平台为主。伴随着互联网与产业融合的深入，平台的产业领域已不再局限于零售电商平台，而是趋向多元化发展，如众包、共享等许多基于互联网平台的新产业领域开始出现。伴随着平台进入产业领域的日益丰富，它对产业组织和产业组织变化的影响越来越大，使得平台逐渐从一种商业现象发展成为一种经济形态。

随之而来的是互联网与产业的融合程度逐渐加深，产业领域应用平台模式也越来越多样化。这个阶段平台模式组织的资源种类越来越多，资源的组织能力也越来越强，并由此产生了众多新兴产业领域的平台，如微信、微博、Twitter、Facebook等社交平台。

这种新业态的模式不仅包括工业产品，而且涉及农产品，甚至包括医疗、教育、旅游、健身等广泛的领域。

比如，在网络教育方面，2020年的"停课不停学"带来了与在线教育相关的消费板块。各大小学校的老师在网上进行教育工作，加快智能技术应用，促进新型教育教学模式的发展，以适应不同人群的教育需求，提高教育的精准供给。

旅游业也是如此，以"云赏花""云赏灯"等网上旅游形式为主导，深入发展数字文化和旅游，积极发展演播、数字艺术、沉浸体验等新业态。

体育事业发展方面，将建立集体育赛事活动、健身指导、技能培训、服务咨询为一体的体育产业新业态，促进体育设施智能化、信息化建设。

在平台时代，这些新事物如雨后春笋般出现，给人们带来了各种各样的创新产品和更便捷的生活方式。那么，平台时代下的新业态是如何促进经济发展的呢？主要有下面几点。

1. 新消费加速经济发展

新业态、新模式是推动新消费增量的主要动力。近年来，尤其是在2020年，由于某种原因，线下活动停滞不前，以网上办公、远程教育、直播电商为代表的线上消费逆势增长。同时，电商领域，线下消费的逆势而生，促使农产品流通开启了"生鲜电子商务+冷链式家居""无接触配送"等新模式。同时，直播带货也迎来井喷式爆发，成为许多年轻人日常消费的重要选择。网红、娱乐明星和企业家直播带货，改变了各行各业的销售模式。

不得不提的是，就连商务部等政府部门都联合各大电商平台推出网络销售等活动，通过智能设备，减少人们的接触和流动，借助"不打烊网购"等活动，把消费者的需求和生产者、供给者连在一起，让居民足不出户就能买到更低价格的商品，从而加快释放消费潜力。平台成为政府在特殊时期活跃市场经济的利器。

餐饮业也开始开发新的商业模式。很多餐厅都改走线上路线，提供半成品成品外卖服务。顾客只需要在线点单，饭菜就可以快速地由外卖员送到消费者手中。

当下，人们的大部分生活方式和消费习惯已经被平台所改变，对比过去，人们更加注重体验、追求个性。

目前，所谓新电商，包括社区团购、内容电商、各类分销电商平台等，其模式的核心在发生转变，与传统的阿里巴巴等平台相比，主要有以下区别。

首先是卖方从货主转化到运输商，卖方最初是货主，但现在运输商是流量主，有了流量的人就可以卖货。

其次是买家从搜索转化到推荐和跟踪，原来买家是主动搜索要购买的产品，现在是被大数据推荐，流量从中心化发展到去中心化。

最后是从货不动转化到人不动货动，以前货是摆在货架上，人们来买，现在是人不动，但货物是流动的。

综上所述，平台经济正是新创业或新业务发展增长的新机遇。无论是在政府层面、政策层面，还是资金层面，全国上下也正在大力发展平台经济。这也许与许多企业下一步的发展方向、商业模式和渠道有很大的关系，企业在思考如何把原有的业务与发展网上新经济的商业场景和政策优势对接之时，以上信息或许能给其带来很好的思路。

2.拉动内需潜力提升经济活力

当下，新型消费正在极大地促进消费扩大内需，挖掘国内市场的巨大潜力被提上新的高度，从中央到地方积极出台扶持措施，明确促进新型消费的具体建设路线。

平台战略

2022年1月商务部新闻发言人在商务部举行的新闻发布会上表示，2021年，我国网络零售市场保持稳步增长，成为稳增长、保就业、促消费的重要力量，为推动构建新发展格局做出了积极贡献。国家统计局数据显示，2021年，全国网上零售额达13.1万亿元，同比增长14.1%，增速比上年加快3.2个百分点。其中，实物商品网上零售额10.8万亿元，首次突破10万亿元，同比增长12.0%，占社会消费品零售总额的比重为24.5%，对社会消费品零售总额增长的贡献率为23.6%。2021年全国农村网络零售额2.05万亿元，比上年增长11.3%，增速加快2.4个百分点。全国农产品网络零售额4221亿元，同比增长2.8%。"数商兴农"深入推进，农村电商"新基建"不断完善。

迅速发展的网络零售市场孕育了更多新的增长点。C2M（Customer-to-Manufacturer，即用户直连制造）新模式在生产和消费两方面都表现突出，激发了消费潜力，提高了生产效率。根据京东数据，2020年以来，京东平台C2M自有商品销售额同比增长654%。

3. 催生各种优秀的独角兽企业

作为新经济发展的重要引擎，平台经济不仅体现在推动传统转型升级、引领新兴产业方面，而且体现在平台经济已成为孵化独角兽企业的重要源泉，独角兽企业是新经济爆发式增长的重要推动力。

独角兽企业是什么？一般指企业成立时间不长，估值高，甚至高达上百亿美元。它不仅品质高，市场潜力无限，而且商业模式难以复制。比如我国第一个国家自主创新示范区中关村，就在平台经济方面取得了令人瞩目的成绩。2016年中关村独角兽企业占到了全国一半，达到了65家，如京东金融、小米等。

平台经济是一个大生态圈，其实质就是牵动大价值链、产业链。中关村的大企业平台经济，一方面经历了模式的创新，更多地鼓励技术创新的发展，特别是布局更前卫。另外，大企业还是要围绕生态圈、生态链的建设，能够发挥更多的平台作用，牵动更多的企业，起到带动作用。

要培育独角兽企业，关键是要推动一批中小企业成长为平台经济，推动平台经济的发展。

平台经济是中国新经济发展的发动机，平台经济带来了制度和机制创新的新亮点。

案例：小米打造独角兽企业

有人说，小米模式的成功在于制造爆款。比如，小米手环、小米移动电源等生态链产品都可以视为小米模式成功的象征。但这些生态链企业的产品进入市场后，又发挥了"鲇鱼效应"，推动了相关产业链的整合。

小米创始人雷军曾说过："外界并没有真正看懂小米，因为小米太超前。"小米投资生态年会上的数据显示，小米的生态链公司达到90家，其中不乏独角兽型公司。

小米可以说是国内第一批建立全域数据中台的企业之一，借助中台系统以及其他数智化技术的发展驱动了人货场的大变局，进一步融合了线上与线下资源。

比如小米有品。小米有品提供了一个平台，这里聚集了各种消费群体。小米打造的明星产品先在小米众筹上线，经过第一批支持者使用后，这些支持者如果觉得不错，就会帮忙宣传，如果觉得不够好，那就可能不会上线小米有品，或者要重新设计后再上架。

但是，有品这个平台和天猫、京东相比还是小了点，想要单靠这个平台竞争市场第一是不可能的，因此，小米生态链产品也会在其他平台上铺货。供应链问题是大家需要面对的，另外值得注意的一点是，就像云麦跳绳之类即使是在天猫销售，所用的包装仍然是有品包装，这就给有品带来了流量。

前面我们提到，互联网企业成功的关键之一就是流量。先前小米的核心流量来源是手机，现在又增加了像小米电视这样的家用电器，以及以 AIoT 平台为核心的消费者物联网生态。另一方面，小米主要通过互联网服务变现，包括广告、电商、金融等。

若将小米的每一项业务拆开，如手机、电视、广告、电商等，单独面对强大的竞争对手，而且单个业务的盈利能力有限，手机业务也难以赚钱——小米的硬件综合利润率不到 1%。

但是，如果将这些业务融入小米生态整体，却产生了奇妙的想象空间。伴随着小米的生态规模效应，业务、业态间的挤压、碰撞、协同，诞生了越来越多的创新点、利润点，这也是小米营收迈入 2000 亿元门槛，给外界感觉越来越稳健的原因。

相信在未来，随着平台与各种新兴技术的加速融合、应用场景的不断丰富，消费者对各种应用场景的接受程度逐渐加深，新型消费会更进一步挖掘内需潜力，成为中国经济发展的"加速器"。

总的来说，平台经济的发展给产业发展带来了巨大的价值和影响，使资源共享的范围越来越广、程度越来越深，进而使产业内部的边界越来越模糊，产业通过平台实现跨界融合的现象也越明显，尤其是互联网、新技术（以人工智能为代表）与传统产业的融合，极大地推动了业态创新。平台逐渐从一种商业现象发展到一种经济形式，进入了平台经济时代。

第二部分

平台时代的新业态

网络的魔力不仅在于它缩短了物理距离，
使世界的两端彼此连接，
更重要的是，
它能够让有共同想法的人走到一起。

第二部分　平台时代的新业态

当下是属于互联网的时代。这个时代是可以与蒸汽机时代相提并论的伟大时代，互联网蕴含着无限的潜力，它就像一个支点，正在以前所未有的巨大能量，引起一场影响人类所有层面的深刻变革。这一场变革，正驱动着全人类站在新的时代的前沿。

"新的时代"意味着什么？社会秩序，包括商业秩序在内，都面临着重新洗牌和调整。互联网给人类带来的不仅仅是一场技术变革，更是一场社会变革，它将把人类带入一个新时代，这一点，在商业世界表现得尤为明显。在传统商业模式受到威胁的同时，各种创新的商业模式正在悄悄生长。

在互联网的加持下，平台时代的来临正是企业主们去创造新价值的时候，也是创新者开拓前进的最佳机会。有些人生来就有使命感，有些人则是眼花缭乱、不知所措，在成为英雄和被时代淘汰之间，需要做出选择。

还有些人抱怨平台时代的到来，因为它抢夺了传统商业时代的许多红利。但是，你要知道，正是因为有了时代的进步，人类才能拥有更好的未来。

我们要记住，时代的脚步不会停下来等你，在瞬息万变的时代，是止步不前还是迎难而上，考验企业主的不仅仅是其个人的胆识，还有魄力和眼界。竞争激烈的时代，也是时势造英雄的时代。

不过，罗马也不是一日建成的，只有先了解平台的基本知识，制定合适的商业战略，才能以最好的姿态去应对平台时代。因此，我们在这一部分将会为大家讲解平台到底是什么，它蕴含着多大的能量，以及平台对于一家企业发展的意义。

平台 战略

/ 第一章 /

平台战略的本质

> 在平台时代,原本稀薄的资源得以聚合,曾经被忽略的事物得以显现。单打独斗的人不再孤独,平凡的人也不再卑微,每一个人都有机会去绽放自己的生命,这是属于每一个人的时代,这是最好的时代。

相信大家都听过一句话,机会对于任何人都是公平的,但它以普通的面目出现在我们身边,只有那些极具慧眼的人才能看见它。纵观历史,我们能够发现,那些名垂青史的人,除了名门望族以外,更多的是草根出身的英雄。

所谓英雄不问出路,尤其是在现在这个信息发达的时代,谁能够最早发现机遇,抓住机遇,打通各行业之间的瓶颈,挖掘别人察觉不到的商机,谁就能傲视群雄。

在近年来的各种商业交流大会上,最常听见的一句话就是:"得平台者得天下。"无论是什么行业的企业,都正在向平台化企业转型。

商业社会的基本架构,正在从"公司+公司"变成"平台+个体"。无数平台在崛起，代表着无数个体在平台上执行任务。由此可见，在商界，平台模式正在"侵入"各行各业，并逐渐深入人心。

古人说："海纳百川，有容乃大。"企业家们必须打开自己的格局，敞开胸怀拥抱世界，才能谋求更好的发展。

在这个时代，我们要秉持"万物皆不为我所有，万物皆为我所用"的胸怀和理念，借助平台达成多方合作，把自己的资源共享出去，同时利用各方共享出来的资源为己所用。

想要正确应对平台时代的到来，首先就要意识到平台对未来商业发展的意义。

一、不懂平台，谈何转型

1. 什么是平台

在商业世界，"平台"已经是一个非常常见的词，比如平台经济、平台竞争等。大部分互联网业务本质上都是双边市场平台，但在行业实践中，互联网技术又使多边市场平台的信息流动速度、用户数量、匹配范围和效率等方面都达到了一个全新的高度，成为人们常说的互联网平台。

简单来说，所谓平台模式，就是将两个或两个以上特定群体联系起来，为他们提供互动机制，满足所有群体的需要，并从中巧妙获利的商业模式。平台模式可以实现扩张和重建生态系统的战略目标，甚至可以打破行业现状，重塑市场格局。

简而言之，就是优化和集成各种业务价值链的公共部分。平台的

平台 战略

本质就是能够有效地激发多个平台群之间的交互，建立良好的平台生态系统。

而所谓平台战略，从本质上来说，依靠的就是平台背后的用户，通过打通各平台的用户来互换资源。

举一个我们身边最成功的案例，过去百度还专注于搜索，如今，它已经发展成为一个集搜索、推广、导航、社区、游戏、娱乐、广告和云计算等商业模式于一体的综合性生态互联网平台。数字平台已经成为互联网时代最具竞争力的商业模式，淘宝、百度、腾讯、人人网、上海证券交易所和盛大游戏等公司都通过建立数字平台的商业模式来盈利，并不断拓展市场。

在传统时代，由于区域和群体之间的不对称，社会资源信息可以在这些不同的固定空间中流动，资源信息的流动产生价值和利润。由于流通也受到地域的限制，商品可以在不同的地域、不同的空间同时生产，同质商品存在竞争，但并没有实现完全竞争。因此，这是一种区域性平行生产方式。

然而，在互联网时代，固定空间被打破。因为互联网可以随时随地实现"超链接"，空间可以流动，时间没有意义。例如，生活在中国的公民可以在亚马逊上购物；在美国，没有传统的划分"营业时间"和"非营业时间"的区域化。越来越多的平台聚集了社会资源，在这些平台上整合了不同的空间。大数据的产生和应用促进了各种信息的多维交互链接。

所谓"牵一发而动全身"，不同的资源和不同的主题相距数千里，因为平台而实现了交互。在这个互动网络中，如果有一个核心业务和核心竞争力，就会形成一种"不可缺少的互动合作关系"。无论是资源还是题材，没有核心业务和核心竞争力，互动合作就不可能实现，最终会被新时代边缘化。总之，在互联网时代，社会生产方式已经从平行生产方式转变为互动生产方式。

有人说："百亿公司做产品，千亿公司做平台，万亿公司做生态"，为什么这么说？是由于单个行业只能带来一个方面的增长，要实现非线性增长，一方面需要建立一个平台企业，连接更多的合作伙伴一起玩游戏，另一方面则需要提供足够的产品和服务。

2. 平台模式的核心

平台模式的核心主要是价值链和关系网。

（1）多边价值链。

平台业与传统产业的最大区别在于形成一个全新的产业模式，由单向价值链向多边价值链发展。

（2）关系网的增值性。

平台模式的特征是利用大众关系，创造无限增值的可能性，即网络效应。

首先，抛弃产业链是"单向垂直直流"的观点。在传统上，百度打破了用户和付费用户的定位，网民以用户的身份享受免费服务，而广告主作为内容提供者承担了付费的角色。

其次，改变企业盈利重点。由传统的制造加工转变为从工业需求与供给之间的连接点寻找盈利机会，例如某手机公司从早期从事产品的贩卖转向建立媒介平台以赚取佣金。

最后，挖掘潜在的网络效应是消费市场转型与盈利的关键。有了强大的用户群，通过拓展业务，扩大规模，最终形成了自己的生态圈。

3. 企业转型要点

在平台时代，企业不仅要寻找连接供需的机会，还要激发网络效应，找到一套适合企业用户组的完整机制是成功的关键。在企业转型过程中，如果能利用平台同时激发"同边网络效应"和"跨边网络效应"，就能极大地提高用户的意愿和满意度，从而使企业获得利润。此外，为了获得更大的效益，企业在转型过程中应注意以下几点。

（1）确定关键盈利模式。

平台企业将两个以上的群体联系起来后，必须确定核心战略，触发网络效应，促进生态系统的成长，凝聚各成员的互动，然后通过用户过滤机制来维持整个生态系统的质量，从而促进盈利。

（2）给用户一种归属感。

一个知名手机品牌的成功在于塑造品牌与用户身份之间的联系意识，这一点能够与用户产生深刻的共鸣，通过个性化的行动参与和自我决策建立的归属感根深蒂固。

作为一个平台企业，它总是需要向用户学习的能力，当用户发生变化时，企业必须顺应潮流。基于产业链数字化的基础设施建设，不仅具备平台配套的交易和合规方案，而且能够帮助整个产业链创造价值，为上游企业提供一站式解决方案，赋予下游微型企业智慧云服务，从而构建整个生态链，让用户真正生根发芽。

（3）增加转换成本。

转换成本是指用户离开平台时所需承担的损失。防止用户离开平台的最有效方法之一是在他们和其他用户之间建立一种深入的关系，事实上，它使用户能够在平台生态系统中建立"有价值的身份"。

那么，哪些部分是企业在平台转型中需要保留的内容？一般来说，是刚性的需求、高频次的交易，以及能够促进企业发展的技术，等等。

哪些又是企业在平台转型中需要排除的内容？这个很容易判断，就是垄断型的管理方式、导致信息屏蔽的工作方式、成本虚高的流程，等等。

哪些又是企业在平台转型中需要被引入的内容？对企业而言，只要是能够给企业带来创新和发展的，以及能带来无可取代的价值的，甚至可以让企业形成竞争壁垒的，无论是人才还是资源，抑或是管理方式等，我们都可以根据企业发展的状况和需要，吸纳进来为己所用。

从整体上来讲，打破传统的垂直价值链需要以下三个步骤。

"保"：抓住核心圈，传承产业原始的本质；

"断"：重塑价值体系，先破后立，去除不高效的部分；

"增"：引入新的内容，突破瓶颈，带入新型的解决方案。

这一整个过程，其实就是帮助企业去认识自己的过程。只有先做减法，才能做好乘法。企业首先要正确地认识自己，既不狂妄自大，也不妄自菲薄。传统企业要围绕原有优势，强化自身能力，形成转型平台的核心竞争力。

在做减法的时候，企业要以开放的心态接受合作者和参与者，开放一些功能来减少企业自身的负担。引入合作者和参与者之后，要为他们创造机会，双倍增长、双倍成长、万马拉车、快速前进，形成平台生态圈，实现平台的共生共赢。

从传统企业转向平台模式的最大挑战在于，企业必须在承担旧业务的资产和负债下发展新的平台业务，不像创业公司完全靠自己建立新的平台，转型意味着新的模式和旧的模式之间存在着千丝万缕的联系。

一是过于强调标准化，缺乏个性与特点。

在 20 世纪的商业世界，其创新的标志是标准化、大规模生产、流水线，但在互联网时代，这些曾经的创新已经成为不合时宜的商业模式，因为它很难为消费者提供定制化的服务。

平台汇聚了数量众多的群体，构成平台的"边"，能够形成规模效应为对方提供丰富的选项。因为平台的"同边网络效应"和"跨边网络效应"，让平台上提供服务或产品的群体，以及享有服务或产品的群体都具有积极性，前者有足够动力去满足多样化的需求，后者有信心找到想要的产品或服务。

二是行业之间"独善其身、各自为政"。

主要包括两个方面：一是在公司的管理层面，传统企业的层级管理模式容易使员工的积极性受到挫败，形成一种低效状态；二是在业务层面，传统企业普遍倾向于选择专攻，但互联网思维强调的是跨界和共生。

因此，传统产业转型的第三个方向，就是利用平台的商业模式进行跨界整合，释放员工动能，实现跨界共生，挖掘成长亮点，为用户提供整体解决方案。产业界限的消失，颠覆了领导企业在原有行业中常年积累的竞争优势。

在运用平台思路进行跨界转型时，无论是产品本身，还是品牌、内涵、功能，都在朝着更加丰富的方向发展。

二、平台战略的优势

那么，互联网时代下的平台时代和过去传统的经济时代有什么区别呢？主要有以下几点差异。

1. 独立经济转变为共享经济

在互联网时代，资源和信息通过网络连接实现了互动的存在和发展。诞生于传统时代的独立经济已经失去了生存和发展的基础，"交换价值"将被"共享价值"所取代，转向以互联网为媒介的共享经济。

共享经济的特征是实现资源、使用权、联系、信息和流动性五要素的优化匹配。比如，共享单车、共享充电宝等的快速发展是互联网衍生的一种新的商业模式，并不断延伸到我们的日常生活中。

2. 企业创新转变为社会协作创新

传统时代下，企业是独立经济创新的主体，企业间的创新合作是及其少见的。

在过去的传统经济时代，把产品做好，赢得更多的市场份额是企业趋之若鹜的目标。但是在互联网时代，不同的企业之间会联结成一个大网络，一个产品的生产最终被不同的企业"分割"，社会协作成为生产方式的主要特征。个体企业的创新也转向处于生产链上的企业间合作创新。

3. 分工合作将转变为众包合作

在传统时代，分工合作是社会经济运行的主要方式。一部汽车由2000多个部件组成，由数千家专业生产企业分工合作，最终在一个企业"组装"而成。在网络时代，企业可以利用互联网，通过闲置的大众资源，靠大众的生产力来实现生产。例如加州伯克利大学的分布式计算项目，通过互联网，成功地调动了全世界数以千计个人计算机的空闲计算能力和数以千计网民的脑力闲置运算。在这个时代，合作不再完全依靠专业化分工合作，而是依靠互联网带来的众包合作。

总的来说，平台生态系统是一个群落聚集的场所。构建多元化、优秀的沟通体系，能使个人成为凝聚彼此的力量，赋予人们力量和选择是归属感形成的基础。

一般说来，企业在找到自己的生态位之后，就需要制作相应的作战图，强化自己的核心能力，追求发展的目标方向，以正确的态势进攻、发展。

商业生态系统是一种多主体共享的生态系统，通过产生网络效应，以实现多主体共赢。该平台模式的本质，就是建立一个完善的、可持续发展的生态圈，在形成各种连接的过程中，实现价值增值，甚至各种创新，这是平台商业模式的关键，也是平台商业模式的"出口"。

目前，已经有不少传统企业借助数智化平台对企业进行转型升级，且成效显著。比如盒马鲜生的新零售平台，能够通过技术计算每天的商品需求量，以确保菜肴新鲜度，平衡客户的需求和商店的供应；合众药业通过数智化新零售平台，利用智能技术对客户的需求和偏好进行分析，使其营业额翻了一番；元气森林通过大数据计算，实

第二部分 平台时代的新业态

时调整饮料口味，找准用户偏好，独占饮料市场的鳌头。

概括地说，过去传统企业内部叫合作，外部叫交易。未来的互联网一定是生态的，互联网通过整合更多的资源，尤其是通过整合不同行业的经济体最有优势的、最具有创新意义的资源和技术，各企业形成强强联手的合作，最后形成行业之间的恒强。这也就是为什么大家都说"得平台者得天下，得生态者得天下"的原因。

第二章

中台，应运而生

> 企业管理的首要任务之一，就是不断降低运营成本以及提高工作效率。

在古代，由于铁器的出现，比如铁犁的使用，大大提高了耕作效率，生产力水平得到大大的提高，人类也由此进入了封建社会。

看到这里，你或许会提出一个疑问：为什么人们在造铁犁之前不造青铜犁？原因很简单，那就是青铜太贵了。因此，铁的发明的重要意义之一就在于降低成本。

平台出现的最终目的就是降低企业运营过程中的所有成本和工作效率，从而达到利润最大化，而尽可能地降低成本也是平台生存和发展的根本出路。没有平台，各种应用仍可开发，但是平台可以提供各种工具来有效地管理资源。有了平台，按照同样的质量要求做同样的事情，可以做得更快，花费更少的人工成本。当然，也可以换个角度：用同样的人工成本，你可以做得更快更好。

为了尽可能地降低成本和提高效率，不少平台型企业围绕着平台陆续探索出一些新的概念，中台就是其中之一。

中台这两年在国内大热，与它相关的概念、产品层出不穷，比如业务中台、AI 中台等，这些概念和产品也得到了不少投资人的青睐和肯定。

在新旧历史的交替中，中台是进入平台时代的必然趋势。中台也可以看作是平台开发重要的中间阶段，以解决企业在平台开发过程中遇到的各种问题，包括业务、数据和技术之间的关系。

那么，中台到底是什么？哪类企业可以搭建中台呢？

一、平台和中台的区别

自 2015 年阿里巴巴提出"大中台，小前台"的概念以来，中台逐渐成为大中型企业的共同选择。

大部分人一听到中台，就会想到前台和后台。事实上，中台就类似于连接前后台的连接器。

不过，中台之所以会出现，很大程度上是因为企业发展到一定阶段，其各项业务在持续发展的道路上遇到了瓶颈和障碍。为了解决这一问题，中台应运而生。

那么中台和前台、后台有什么区别呢？

首先，让我们看看什么是前台和后台。

前台是用户直接接触的产品部分，例如 App，包括微信、微博、淘宝、抖音等。而用户对产品的认知和体验也随之诞生，例如，你对微信的理解是这个前台应用程序显示给你的：一个绿色图标应用程序，我的朋友A、B和C。

后台包括两个部分，一个是企业内部管理服务的总称，如内部CRM（Customer Relationship Management，即客户关系管理）、ERP（Enterprise Resource Planning，即企业资源计划）系统等，一个是为前台提供数据压缩、并发等服务。后台最重要的特点是，它所提供的服务不为普通用户所感知，就像用户不会因为应用的并发性和传输速度而记住微信这个品牌一样。

那么，中台和平台有什么区别呢？

要定义中台，重要的是要能够清楚地区分中台和平台。中台和平台都具有常见的功能，区分它们的关键是看其是否具有业务属性，是否属于一个组织。

中台是一种常见的功能组织，支持多个前台业务，具有业务属性。该平台是一种通用的功能组织，支持多个前厅或中间厅业务，没有业务属性。如果把平台比作一辆汽车，中台就是一个驱动汽车前进的轮子。

由此可见，中台的出现并不完全是一种自上而下的战略设计，也不遵循行业路径，而是由于公司业务快速发展和组织不断扩张的过程中暴露出来的各种问题需要得到解决。

在过去，每一个前台应用都需要一个与后台相对应的系统，每一个新的前台都需要构建一个后台，这导致了系统的重复构建和成本的急剧增加。

通过中台，我们可以提取工作中重复的部分，通过统一的标准接口等技术收集整个集团的运营数据能力和产品技术能力，重用服务，避免每次独立开发造成的资源和时间的浪费。

这样，前端工作就会变轻，充分利用后端基础设施建设，使工作效率显著提高，建设成本大大降低。

举一个通俗的例子。如果把一家企业比喻为一家餐饮店的话，店里的调味品油、盐、酱油、醋、料酒等就可以视为企业所掌握的"数据"，而比较受消费者欢迎的糖醋排骨、糖醋鱼等菜式就相当于各种业务应用程序。

这个时候，厨师们（相当于IT部门）认为每次都按比例调配糖醋汁既麻烦又费时，而且不是每次调味都存在偏差（每次数据都有偏差），因此他们决定设计出一套调味比例（这就相当于设计出一套数据算法），按比例来依次放入酱油、白糖、醋等调味品来一次性制作一大桶料汁（数据产品），然后每次做菜（开发新的业务应用）的时候，按需求从大桶里倒入料汁即可。

这个制作料汁的过程，就相当于搭建一个数据控制台，料汁是一个数据产品，数据产品往往不是直接提供给用户，而是提供给业务应用（类似料汁，不是直接用于饮用，而是用于制作相关的菜品）。

当然，如果这家餐厅对于酸甜口的菜品需求比较低，就不需要特地准备一桶料汁。按这个逻辑，哪些菜品（业务应用）比较受欢迎，就可以通过一次性调好配方，做好料汁（数据产品）备用。

中台的设计过程实际上是一个标准的企业软件设计过程，是一个高度定制化的企业软件，需要每个企业的业务情况和需求信息，不断扩大其覆盖范围。

对于许多中小企业来说，当它们走出生存困境，进入快速发展的阶段，最有可能面对的问题是过去的商业模式和产品能力无法完全抵御大规模用户增长带来的压力，中台的出现对于解决这一问题具有很强的现实意义。

二、中台的功能

企业的中台业务战略主要包括以下两个发展方向。

第一，能够将已经臃肿的前端系统中稳定的、一般的业务能力"安置"到中间业务层面，以减轻前端系统的重量，恢复前端系统的快速反应能力。

第二，将后台系统中需要频繁变更或前台直接使用的业务能力"提取"到中间台层，使前台业务能力更具灵活性，变更成本更低，从而为前台提供更强大的"能力炮兵"协助。

可以这么说，中台就是为平台而生的，它能够更好地服务于前台的大规模创新，更好地响应服务，引导用户，使企业真正实现自身能力与用户需求的持续对接。

中台通常有三个功能属性。

第一，作为前台和后台的调配器，它将可重用的数据、经验和实践集成到一个高内聚、低耦合的能力平台中，以加速从原始资源到价值创造的服务生成过程。

第二，作为前台业务的加速器，将后台的原始资源处理并封装为公共产品或服务。当开发新业务时，它可以访问中间办公室直接享受服务。

第三，作为后台系统的稳定器，提取后台频繁变化的业务能力或对前台的支持能力，然后通过各种接口与前台和后台连接，让用户享受稳定可靠的服务。

三、中台的三大主流分类

中台一般可分为业务中台、数据中台和技术中台。比如，用户中心、订单中心和各种微服务配送中心均为业务中台；将企业内部数据进行汇总、管理、使用，这条流水线就可以称为数据中台，像阿里巴巴、腾讯、百度、华为等都建设有自己的数据中台；微服务开发框架、Devops 平台、PAAS 平台和容器云等则属于技术中台。

接下来，具体为大家讲解一下这几种中台类型的区别。

1. 业务中台

我们所说的业务中台一般是指支持企业核心业务在线的中间局。业务中台主要承载企业的核心业务，代表企业的核心业务能力，也是企业数字化转型的重点。

业务中台的建设目标是"将可重用的业务能力存入业务中台，实现企业业务能力的重用和各业务部门之间的联系与协调，保证关键业务的稳定和高效运转，并提高业务创新的效率"。

业务中台的主要目标是实现企业级业务能力的重用，因此业务中台的建设需要优先考虑业务能力的重复构建和重用问题。通过重构业务模型，将在不同渠道和业务场景中反复构建的业务能力沉淀到企业级媒介平台业务模型中，面向企业的所有业务场景和领域，实现能力重用和流程集成。

在业务中台设计中，可通过业务领域边界划分和领域建模，把用户管理、订单管理、商品管理、支付等通用功能存入用户中心、订单中心、商品中心、支付中心等业务平台，然后完成基于分布式微服务技术系统的微服务构建，形成企业级解决方案，为前台应用提供可重用的业务能力。

在技术实现上，中台系统可以采用微服务架构。微服务是目前公认的业务中台技术的最佳实现方式，可以有效提高业务扩展能力，实现业务能力重用。

当业务中台建设完成后，前台应用可以连接和组装不同的中间办公室业务板块，既可以提供企业级集成业务能力支持，又可以提供灵活的场景销售能力支持。

业务中台的应用一般以交易为核心，例如会员中心、商品中心、交易中心、评价中心、店铺中心、支付中心、营销中心、库存中心等。

典型的业务中台由多个业务服务中心组成，如图2-1所示。

会员中心	商品中心	交易中心	评价中心
店铺中心	支付中心	营销中心	库存中心

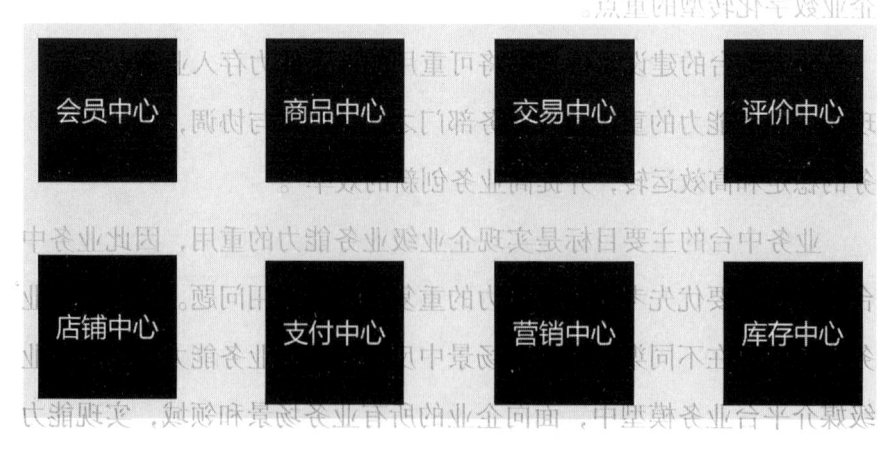

图 2-1 典型的业务中台

就拿其中的会员中心和商品中心来说，会员中心能够为消费者提供特定的权益和服务，企业通过会员中心平台能够拉近与消费者的距离、增加互动、提高黏度等。会员中心的主要功能有：会员注册、会员注销；积分规则、成长值规则；会员的新增、导入、查询以及积分相关的功能等。

而商品中心主要是为企业提供管理商品的核心数据，比如商品版本信息、商品品牌、商品属性、商品类目等。它的主要功能有：品牌管理、产品数据管理、商品数据管理、商品发布管理等。

2. 数据中台

数据中台与业务中台相辅相成，共同支撑一线业务。除传统数据平台的统计分析和决策支持功能外，数据中台更加注重为一线交易业务提供智能数据服务，支持企业流程智能、运营智能和商业模式创新，实现"业务数据和数据业务"。

近年来，数据应用领域出现了许多新的趋势，数据的建设模式也在随着这些趋势发生变化，主要体现在以下几点。

（1）数据应用技术发展迅速。

近年来，出现了大量新的数据应用技术，如 NoSQL、NewSQL 等，以及数据收集、数据存储、数据建模、数据挖掘等与大数据相关的技术。这些技术越来越有能力解决业务问题，但它们也增加了技术实现的复杂性。

（2）数据体系架构更加灵活。

在从单体服务体系向微服务体系转变之后，企业业务和数据形式也发生了很大的变化，数据体系架构也从集中式体系结构向分布式体系架构转变。

此外，在新的数字基础设施背景下，未来企业将在多种模式下收集数据，借助智能技术实现智能化业务流程。

那么，面对复杂的数据领域，如何建立一个数据中心来管理和利用这些数据？

数据中台中的大部分数据来自业务中台。经过数据建模和数据分析后，将处理后的数据返回到业务中台为前台应用程序提供数据服务，或者以数据应用程序的形式直接为前台应用程序提供 API（Application Program Interface，即应用程序接口）数据服务。数据中台的功能一般包括数据收集、数据集成、数据治理、数据应用和数据资产管理，此外还有数据标准和索引构建、数据仓库或大数据等技术应用。

综上所述，数据中台的建设需要做好以下几个方面。

一是建立统一的企业级数据标准指标体系，解决数据源多样化、标准不一致的问题。企业在统一的数据标准下，才能标准化、有序地完成数据采集、数据建模、数据分析、数据集成、数据应用和数据资产管理。

二是建立数据研发分析、应用和资产管理技术体系，根据企业自身的技术能力和数据应用场景，选择合适的技术系统构建数据中心。

在业务中台建设的同时，需要同步启动数据中台建设，整合业务中台数据，消除不同业务板块核心业务链之间的数据孤岛，提供统一一致的数据服务。采用"业务 + 数据"双中台模式，支持业务、数据、流程一体化。

数据中台的投资相对较大、收入周期较长，但会给企业带来巨大的潜在商业价值，也是企业未来数字化运营的重要基础。企业可以根据业务发展需要，制定阶段性目标，逐步有计划地整合现有数据平台，以渐进的方式推进数据中台建设。

以零售业为例。在新零售时代，随着各类线下门店、线上电商购物平台、社交软件平台的出现，给企业带来了大量的碎片化数据。企业已经无法和过去一样轻易地通过统一用户数据来获取消费者画像，实现精准营销，而数据平台能够帮助企业实时更新"进—销—存"的数据，同时，通过智能化的数据分析，帮助企业实现精准营销。

有了数据中台，企业就能够打通企业内外部数据，帮助企业以数据为导向，进行销售策划、选品铺货策略制定、商品运转与库存预测等，从而实现对用户的精准分析以及对终端市场趋势的判断。

3. 技术中台

技术中台能够提供自建系统部分的技术支撑能力，帮助企业去解决基础设施、分布式数据库等底层的技术问题，使智能决策、智能管理、精准营销、大数据处理、引擎支撑、数据仓库、消费者洞察、视觉智能、物联网等功能实现落地。

此外，支持业务中台的登录需要许多技术组件，这些不同技术领域的技术组件构成了技术平台。大部分业务中台采用微服务架构，以保证系统的高可用性，有效应对高频率、海量的业务接入场景。因此，在技术中台中会有更多与微服务相关的技术组件。

简单地说，技术中台能够起到适配器的作用，利用技术平台能力，让技术前台发挥作用。

一般来说，技术中台在关键技术领域会有以下组件，包括API网关、前端开发框架、微服务开发框架、微服务治理组件、分布式架构下的分布式数据库，以及与数据处理相关的关键技术组件，如复制和同步。

（1）API网关。

微服务架构一般采用前端与后端分离的设计。前端页面逻辑和后端微服务业务逻辑独立开发部署，通过网关实现前端和后端集成。

前台应用程序访问微服务的技术组件一般为API网关。API网关主要包括认证、降级和流量限制、流量分析、负载均衡、业务路由、访问日志等功能。API网关可以帮助用户方便地管理微服务API接口，实现安全的前端和后端分离，以及高效的系统集成和精细的业务监控。

（2）开发框架。

开发框架主要包括前端开发框架和后端微服务开发框架。基于前端和后端开发框架，分别开发了前端页面逻辑和后端业务逻辑。

前端开发框架主要针对PC或移动应用，用于构建系统表示层，规范前端与后端交互，降低前端开发成本。

（3）微服务治理。

微服务治理是在微服务运行过程中对微服务运行状态的动态治理策略，如服务注册、发现、当前限制、融合等。

（4）分布式数据库。

分布式数据库一般具有较强的数据线性扩展能力。它们大多采用数据多副本机制来实现数据库的高可用性，具有可扩展性和低成本的技术优势。

分布式数据库一般包括三种类型：事务型分布式数据库、分析型分布式数据库和事务分析混合分布式数据库。

事务型分布式数据库用于解决事务型业务的数据库计算能力，具有高可用性的特点，提供统一的操作维护接口，具有高性能的事务型业务数据处理能力。主要用于具有跨区域部署和高可用性需求的核心事务型业务场景，需要支持高并发和高频访问。

分析型分布式数据库通过横向扩展和并行计算能力，提高了数据的整体计算能力和吞吐量，支持海量数据的分析。主要用于大规模结构化数据的统计分析、高性能交互分析等场景，如数据仓库、数据集市等。

事务分析混合分布式数据库采用不同的存储介质和分布式计算引擎，通过资源隔离、时间共享、数据多副本等技术手段，满足基于不同数据存储、访问性能和容量的业务事务分析需求。它主要用于大规模数据和大量并发访问，解决事务数据同步到分析数据库时成本高的问题，解决统一数据库录入问题，支持高可用性、高可伸缩性等数据处理业务场景。

（5）数据处理系统。

为了提高应用性能和业务承载能力，降低微服务的耦合度，实现分布式架构下的分布式事务需求，该技术中台有许多与数据处理相关的基础技术组件。例如分布式缓存、搜索引擎、数据复制、消息中间件和分布式事务。

数智化技术平台是业务中台建设的关键技术基础，而技术中台的建设可以不断更新和吸收新技术组件，因此，为了保证业务中台的高性能和稳定性，一定要尽可能选择成熟的技术组件。

那么，哪些企业适合建设中台呢？这主要要看企业的发展阶段。

（1）具有一定规模的企业可考虑建设中台。

当企业有了一定的规模，产品得到了市场的认可，企业的首要目的不再是生存，而是更好地生存。此时，虽然项目的复杂性不是特别高，但我们可以考虑将每个项目的共同部分下沉，建立一个中间阶段，以便于后续的新项目尝试和旧项目的迭代。

（2）规模较大的企业需尽快建设中台。

当企业规模大、产品多、服务多、部门复杂时，调整架构会更加痛苦。长痛不如短痛，为了项目的长期发展，企业需要尽快调整架构，建设中台。

案例：阿里巴巴的中台建设思路

2015年12月，阿里巴巴提出"大中台，小前台"的概念，并于同一时间成立了中台的事业群，组织架构与电商事业群、阿里云事业群等并列。此后，阿里也成为中台的代名词，同时带动了一股行业内的中台之风。

关于"大中台，小前台"的概念，阿里巴巴是这样阐述的："构建符合DT时代的更创新灵活的'大中台，小前台'组织机制和业务机制，作为前台的一线业务会更敏捷，更快速适应瞬息万变的市场；中台将集合整个集团的运营数据能力、产品技术能力，对各前台业务形成强力支撑。"

那么，阿里巴巴建设中台的初衷是什么呢？

阿里巴巴的电子商务生态就是根据其对商业的理解梳理出一些基

本逻辑。例如，什么是商业？什么是企业身份？每个业务领域的界限是什么？每个地区提供的基本服务是什么？域服务和域服务之间的流程链接标准是什么？在这些理念的指导下，建立业务平台实施标准和业务管控标准。

电子商务业务平台由业务能力标准、运营机制、业务分析方法、配置管理与执行系统、运营服务团队等一系列系统组成，为各业务方提供快速、低成本的创新能力。

中台建设有一个集中控制单元，也就是操作平台，它主要由协议标准、能力图、业务需求架构分解、全局业务识别、业务全景、业务度量等组成，提供了一个观察全局和控制细节的地方。

可以这么说，在平台经济时代，传统企业需要拥有一个好的中台系统，才能够快速地实现数智化升级，帮助企业提升运行的效率。而经验丰富的数智化服务机构，拥有由明星团队打造的大中台，能够根据企业的业务所需，完成有效的数智化升级流程。

中台的确是一项非常先进的数字化改造措施。这是因为：一方面，中台的部署将加快企业技术架构的转型升级；另一方面，中台为企业商业模式的转型奠定了坚实的基础。例如，传统企业建立数字技术分支机构，可以提供行业云、开放平台等服务，云或平台上的能力可以与中间阶段的能力形成自然、完美的连接。因此，中台可以是"数字技术 + 商业模式创新"的融合。如果能够系统地、战略性地开展媒介与平台能力建设，必将成为企业数字化转型的路径之一。

第三章

重构平台新业态

> 在艰难时期，企业要想获得新生，唯一的办法就是保持一种始终面向外界的姿态。若想长期生存，仅有的途径就是要使人人竭尽全力，千方百计让下一代产品进入用户家中。

过去，我们走低成本战略路线，在全球攻城略地，逐步成为制造业大国，遵循的是低成本逻辑。而现在，一些传统企业在完成了原始资本积累后，就应该从低成本战略逐步过渡到走差异化路线。比如华为，在早期就是低成本创业者，通过大量资金的积累和研发投入，当前已处于差异化的顶端。

当下，非专业化的、非平台化的公司都面临着巨大的困难，新时代是对大多数企业的考验。未来5~10年，各行各业都将面临严重的市场供过于求，增量市场将成为股票市场。在股票竞争的世界里，所有的企业都面临着生存危机。

在未来，我们相信国家会出台很多政策来刺激经济，帮助中国的民营企业发展。因此，此时企业要想生存，就应该及时开始规划新的转型战略，锻炼自己的基本技能，提高自己的操作能力。

这就意味着，在平台时代，企业应及时形成自己的产业链，优化整合，进入这个平台生态。但是企业要想转型为一个平台，就必须量力而行，审时度势。如果一味地转型，而不与自己的业务深度融合，往往会导致成本上升，阻碍企业的发展，甚至有破产的风险。

只有平台化的企业，通过某种产品产生巨大的流量，同时根据消费者的需要，为消费者增加个性化的产品和服务，才能获得生存的空间。所谓平台战略，就是企业利用巨大的数字效应，为消费者提供个性化服务。

但是企业转型没有那么简单。"转型"这个词汇近几年似乎是老生常谈，但这两个字的确关乎传统企业的存亡。未来之路如何走？向互联网转型就必须做行业垂直平台……一系列问题困扰着传统企业。

如果以互联网时代新的商业坐标来看目前的传统企业，会发现大部分传统企业几乎都被夹在了平台型企业和平台化企业的中间：一方面，传统企业并非平台化的公司，因为传统企业没有办法利用巨大的数字效应；另一方面，大部分公司做不到真正的专业化，正好处于中间。

对目前规模较大的企业来说，如果自身拥有强大的资源基础、销售通路、品牌、制造能力等，就可以进行整合，并将资源数字化，做出开放协议，开放自己的平台，让更多的专业公司利用平台做生意，这是大企业的一种平台化路径。

对那些资源、实力雄厚、市场规模不大的企业来说，不要盲目跟风做平台化，应该在自己的细分领域，通过不断的技术创新达到行业内的领先地位，成为所有平台的优先选择。这种定位最适合中小企业，而盲目跟风做平台会给中小企业带来很大风险。所以，在平台时代，我们建议大企业通过模式创新做平台，小企业通过技术创新做专业化。

但这并不意味着这两条路都很容易。对企业来说，在思想上存在着许多障碍，需要通过开放自身的资源，建立全新的"开放、共享、创造、双赢"的商业模式和商业生态圈。

1. 传统的大企业不共享资源

许多传统的大企业都不愿意开放自己的资源，不愿与其他企业分享利益，这样，大企业也许手握一把好牌，却最终会被市场淘汰。因此，大企业常常不是在竞争中消亡，而是在狭隘中死去。

2. 小型企业也面临着转型障碍

以往小企业习惯"山寨"、模仿，突然要其在某一领域深耕、精做、颠覆、创新，对传统的小企业来说是极大的困难。多数中小型企业没有技术研发的积累，突然间要做技术创新，实际上是很困难的。对中小企业来说，最重要的不是从原始创新入手，而是通过整合创新或引进已有的成熟技术，对产品进行升级改造，逐步形成优势。

3. 所有传统企业现在都对转型感到焦虑

事实上，传统公司也有很多很好的例子，例如气象预报公司为 iPhone 提供天气信息。在该平台上迈出的第一步是，不再只从气象站获取天气数据，而是从世界上的每一个传感器上取下，并建立了物联网平台。接下来要做的是寻找品牌，比如百事可乐、梅赛德斯等，让它们意识到天气对销售有很大的影响，通过对比天气数据和销售数据，可以推算两者的关系，并预测销量。最终，它成功创造了天气驱动的广告平台，在不同行业积累了大量的销售数据。

那么，我们如何判断企业是该建平台还是进行平台化转型呢？

首先，我们说说自行搭建平台。一个平台要想获得成功，首要条件就是要有大量的买家和卖家，如果能做到这一点，那么你创造的这个平台一定是成功的。

但这样做对于一般的企业而言是特别困难的，比如你招募了8万名卖家，把货物都放在上面，却没有引入大量的流量。几个月过去之后，商品没有卖出去，他们就撤了；同样的，如果你通过网上运营拉进来大量流量，却没有招募到有足够竞争力的商家，这些买家流量最终也会流失掉。

因此，我们说自建平台的首要条件就是：海量的供应与海量的需求，这两者缺一不可。现在自建平台已经不像当年的淘宝、京东，做得早有优势，可以慢慢积累顾客和供应商。

在这种现状下，企业还有其他选择，比如加入第三方平台，像淘宝、天猫、京东、一号店等。加入第三方平台有很多好处，初期不需要投入很大的人力财力去开发平台，也不用考虑平台的流量问题，你只要开个店，做好关键词搜索、直通车这些工作，初期投入小、方便快捷。

买家上第三方平台买东西的第一个动作是关键词搜索，但大部分实体企业没有阿迪达斯、耐克那么大的知名度，那就没人搜，产品卖不出去也就不奇怪了。这个时候，很多企业就会同时借助社交平台来引流，比如微信公众互动服务平台、抖音平台、今日头条平台矩阵等。

总的来说，传统企业通过自建平台来转型是不太容易的，并不是人人都能做成像淘宝一样的平台，一个实体企业在有限的现金流支持下，直接变成 B2C 平台非常难。因此，平台化似乎成了符合大多数传统企业的选择，也是大势所趋。

一、传统企业出路在何方

在平台时代，传统企业要及时转型的另一个重要原因，是因为传统的 IT 系统已不适应当下的商业形势，主要体现在以下几个方面。

（1）入口多，用户体验差。用户前端操作入口多，往往需要跳转到多个功能系统来完成一个角色的工作任务；各功能系统的页面风格和体验各不相同，用户需要熟悉和理解各系统的应用和运行特点。

（2）数据离散且难以完全连接。产品开发数据分散在不同的 IT 系统中，虽然已经进行了点对点系统集成，但仍然难以充分连接数据并发挥数据资产价值。

（3）架构复杂，运营成本高。由于历史原因，企业引入 IT 系统时，各种 IT 系统的架构不同，IT 部门往往需要掌握不同 IT 架构的各种运维能力，对人才技能要求高，后续运营的成本高。

而平台体系中的中台系统，能够满足企业高质量发展的需要。中台系统能够帮助企业实现以下需求。

（1）提高用户体验。创建以用户工作场景为核心的基于角色的体验环境，快速提高对前端业务需求变化和用户应用体验变化的响应效率。

（2）实现数据的无边界流动。建立企业大数据中心，构建互联信息模型网络，随时随地创建数字连接和应用能力。

（3）从业务数据集成到业务和数据解耦。应用组件和服务的思想，建立高度灵活、可扩展的 IT 架构，大大提高了前端业务需求变化的响应效率和 IT 系统的运转效率。

此外，中台系统还能帮助企业充分利用知识场景赋能的思想，构建企业不同业务领域所需的知识组件，实现知识与业务的深度融合。

二、如何进行平台化转型

传统企业向平台化转型，从根本上来说是改变了商业运营的模式，因此，平台化不仅仅是一种趋势，而是传统商业模式的基础模型改变后出现的新模型。很多实力强劲的传统企业并不愿意停止它们的传统业务去搭建平台，而是希望围绕原有业务转型为平台化企业。但是，不像初创企业，传统企业将会面临不小的挑战，主要有以下几点。

（1）传统公司尤其是上市公司需要完成季度业绩，但平台通常需要庞大的用户群才能开始产生利润。把传统企业转变为完整的平台业务并不容易，一旦做出了决定，就需要制定好路线图，规划转型周期。

（2）从事平台业务不仅仅需要解决资源上的问题，更需要完成价值上的创造，例如用户的参与程度也是一个重要指标，实体店在平台化的过程中，如何为客户提供更极致、更开放的解决方案也很重要。

当然了，虽然传统企业在转型的过程中面临着不少的问题，但没有进化，就没有未来。比如柯达相机，在胶卷相机风行一时的时代，它是类别大王，是行业领导者，一旦该类别被淘汰，它就倒闭了。

虽然传统企业在平台转型的过程中会面临不少困难，但是平台化改造对企业的意义重大，能够给企业带来不可小觑的变化。

（1）经营模式的调整，将公司的业务化整为零，把小单位的业务拆分出来，从营销端到生产、研发设计，由为公司干到为自己干。

（2）公司实现了从"重资产、重人力"到"轻资产、轻人力"的转变，降低了公司投资运营风险，更加灵活地应对市场变化。

（3）对企业价值体系进行重构，有效整合个体和外部个体的资源，通过合伙人机制形成联盟，从经营短期收益过渡到战略长期收益。

此外，通过平台化改造，完成组织架构的调整和升级，可以全面提升企业的管理能力，提高工作效率，促进企业内部效益的进一步提升，降低内部成本损耗。

不过，需要强调的是，并非所有行业和企业都适于平台改造，它是企业在特定发展阶段、特定背景下所采取的具体策略。不论是万科、海尔等行业巨头，还是细分行业的领先者，虽然属于不同的行业，但其背后都有其规律，也有其特色。

总的来说，通过平台化可以使企业从重资产转向轻资产，从经营业务转向运营平台，从资产经营转向人才运营，实现"1+1＞2"的效果。

那么，传统企业该如何进行平台化的转型呢？有以下几个关键的步骤。

1. 战略规划

所谓解构价值链，是对行业中的"价值创造"和"价值分配"环节进行重新改造。重构价值创造与价值分配的关系，本身就是对行业价值格局的再创新。在解构价值链的过程中，有对原有环节/能力的提升或降低，也有对原有环节/能力的排除或改造。

搭建平台，就是把传统价值链的模式打破，进行重新设计。解构是对行业上下游进行梳理，找到行业的痛点和亮点，重新建立新的商业模式、秩序和运营方式。在这个过程中，需要破除一些旧有范式，去除传统价值链上一些旧有的组织，建立某些新的规则，引入新的资源方。在时代演进中，也必须义无反顾地将价值链条中的一些常年存在但不再必需的部分除去，有预见性地引入新的内容。

若对这些无法跳开的流程排序，平台应首先选择启动连接或服务的主要细分市场及场景，一般而言，比较容易启动且引爆的使用者细分群体及场景具备以下特征。

一是刚性需求，即回避不了、忍不住、现有产品服务无法解决的需求痛点。

二是高频次交易，即经常发生的需求、时常需要回到平台找寻解决方案的痛点。

三是匹配企业能力，即由该企业来发展平台最合适，最能为生态圈提供价值，也最具备核心竞争力。

其次，对于行业内的垄断者、信息屏蔽者、成本虚高者，平台需要试图去绕过它们，一旦在新的生态圈中排除掉这些障碍流程，就是一种转型和改革。

事实上，这正是平台最能发挥价值的地方，通过排除这些障碍和累赘，来达成行业革新。例如，诸多O2O到家服务平台（如上门收衣的e袋洗、美甲师到家的河狸家、按摩师到家的点到）排除了固定店铺环节，让手艺者省下高额的商业店面租金，在客户家中提供温暖而舒适的服务；淘宝网上的农产品销售摆脱了层层供应商，产品直供城市，降低了消费者的支付价格并让农民获得了更多收入。

最后，平台还需要引入新的流程，以辅助构成面向未来的创新生态圈。这往往代表了平台的创新方向和无可取代的价值，甚至可以形成竞争壁垒。引入价值链的，可能是一些代表技术创新的"边。

2. 业务上的调整

调整组织架构的模式，一是转旧为新，平台新业务与原有业务在组织结构上相得益彰，产生协同，原有业务最终完全转变为新的业务；二是新旧并行，适用于公司想尝试新平台业务，却又不想抛弃原有的旧业务；三是借助外力，利用外部平台改造，如收购、兼并、投资入股已有平台公司等方式，或开拓现有业务，如利用平台作为营销渠道；四是投资观望，通过投资、收购等方式参与外部现有的平台，参与程度很弱，处于"观望"状态。

首先，分析新平台和原有业务之间的协同和冲突。

这将有利于传统企业在进行转型时看清楚几点内容，即是否要把新平台和原有业务进行切分，原有业务如何利用协同效应来帮助并扶持新平台发展，同时避免冲突阻碍新平台的业务发展，找到平台与原有业务的协同点——新老业务相得益彰。

第二部分　平台时代的新业态

当一家传统企业决定进行平台转型时，手中握有的底牌并不少，往往有诸多无法替代的资源。在商业社会中厮杀多年，它们的产品在市场上得到了认可，财务方面也有成熟的盈利空间，相比新兴的互联网、移动互联网、O2O等创业热题的初创公司，传统企业更了解怎么把业务做得扎实。因此，理想的做法是让传统企业转型时充分利用过去的经验，找到平台与原有业务的协同点，让老业务为新平台输送资源，从而借过去多年的积累孵化新平台，在保有自己的优势同时，发展新业务，达到新老业务的相得益彰。例如，在"管理与人才""市场与客户""生产与研发"以及"后台支持"方面都有可能找到新旧单位的协同点，至于产生协同的前提条件、内容、适用范围，则在不同的行业间有所不同。

其次，找到新平台与原有业务的冲突点。

与协同相比，转型所带来的新老业务冲突会更为明显和严峻，以至于还未尝到协同的甜头，就被新旧组织之间的冲突弄得疲惫不堪，这大概是企业家面对转型最恐惧的情况了。

新的平台业务与原有的业务之间，存在着很多方面的差异。

（1）商业模式不同。

平台业务是弯曲的价值链，而原有业务是垂直的价值链。老业务在低买高卖之间获取利益，而平台业务在连接协调之间获取利益。

（2）文化理念不同。

平台业务强调包容共生、共创共赢，而原有业务关注占得资源与先机，在上下游之间挤压彼此，尽可能扩充自己的地盘。从老业务转变到新平台，是从独善其身到共创共享的过程。

（3）人力资源不同。

在组织架构、职能设定方面，新平台上的组织架构总体会向着更扁平、更灵活的角度发展，职能设定也会朝着变通、机动、短暂化的方向演变。相比既有业务，新平台更显得灵活而适应当代的急速变化。

（4）能力要求不同。

将价值链弯曲以后所带来的市场、客户、合作者关系的变化，会导致过往的成功关键出现变化，使企业所需的核心能力在新老模式之间出现非常大的差异，原来企业所掌握的能力和战略可行性在新平台上可能都不起作用。所以，在转型的激流变化中，企业必须逐步发展出一套足以适应新变化的能力，以理解新的关系并适应新的环境。

（5）内部的流程及指标不同。

表现在预算、审批和财务制度，评估及绩效考评制度（KPI指标）、利益分享制度（薪酬及激励）等方面，都将不同。一般来说，传统业务较为稳定，常采用追求控制力与高效的层级结构，但是平台业务需要鼓励创新和激励自主性，所以新老业务之间的员工利益分享方法会非常不同。此外，传统企业在考核的设立上会强调具体营收绩效，许多时候单以短期的金钱回报为衡量基准，而平台事业的考核方向则更加多元，包括用户成长数量、用户自创内容或互动数量、客户满意度等方面，这是因为平台生态的成功关键在于网络效应，即有多少流量以及参与者的良性互动。

3. 人才布局

当考虑到平台化的转型时，企业老板首先应该从现有管理团队的中高层管理者着手，先思考和区分他们可能是哪种类型的员工。当然，这一部分人群往往是一家企业的既得利益集团，在过去为公司做出了许多贡献的同时，也得到了不少的回报。老板们不可避免地要顾及这群员工的态度，向他们传达公司转型的重要性以及他们在未来可能发挥的作用和影响。

这部分既得利益集团对资源和实施方面的支持对于平台化的转型至关重要，尤其是在现有的组织内。通过价值观的传递和思路认知的传授，受益者可以认识到自己在转型中的地位和得失，决定自己的职业规划，从而减少心中的疑虑和阻力。

接下来，我们具体分析一下文化价值观的转变、组织认同的确立、思考方式的转变的具体内容和方式。

（1）文化价值观是成功的关键，文化价值观决定了一个组织的所有成员能否共同完成转型任务。有两个关键点：长期定位，即不要关注短期利益，认为未来的长期目标很重要；利他主义，即世界的利益不必只属于我，别人的利益优先。俗话说"大家好，才是真的好"，舍弃小利，成全商业的大义，企业才能得到长远的发展。

（2）组织的平台标识。这种身份指的是"平台的自我定义是创造价值，平台是自我概念的大而不是小"，通俗地说，就是平台不是做顶尖艺术家，而是做顶尖培育，吸引现在和未来的数百万粉丝和观众代理。这种平台身份将使组织成员处于相对超脱的位置，更清楚地看到生态系统参与者的需求和价值。

（3）平台思考方式。毫无疑问，要想拥有平台思路，就必须以平台价值观和平台认同为基础。基于平台价值观和平台认同的思维模式本质上是"空"，可分为"不存在、不行动、不可见"三个层次。

什么是"空"？在平台转型过程中，领导者和成员应树立"空即道"的理念，不仅他们需要控制的东西越少越好，而且他们在生物圈中的位置越小越好。

"不存在"是指没有所有权的所有权。一个平台应该尽可能少地拥有自己的和内部化的东西，并尽可能少地拥有自己的物理资产。它不需要拥有土地、人员、设备或其他实物，也不需要固定在品牌和名称等无形资产上。平台就是平台，当一个平台能够持续为参与者创造价值时，它就可以自己轮换，而不管其名称如何。

"不作为"是指让他人利用其拥有的专长来做这件事，同时尽量不让自己做这件事。另一个方面是指向设计机制，不做任何管理。当平台机制被设计形成一个平衡的生态系统时，平台不应该附加权力或地位，而应该更多地参与生态系统的运行。

"无形"是指没有边界或限制。平台的最终开发是富有想象力的，只要你掌握与资源方合作共赢的心态和机制，平台就可以无限期成长，通过整合行业专业资源，进入各个领域，才能最大限度地满足消费者的综合性或个性的需求。

对于那些渴望尝试的人，领导者应该探索并评估他们的能力是否可以作为平台转换的主要部分。领导者必须注意过度激励和不匹配的员工所带来的危险，他们可能会在直接进行平台过渡时走错方向。

对于无意识、警惕和专心致志的人，领导者应明确告知平台他们的愿景，并由熟悉平台内外价值观的专家对这些员工进行再教育。

总的来说，在平台转型过程中，主要是由文化价值观的转变、组织认同的确立、思考方式的转变作为改革的主要方面。只有通过持续的沟通、塑造和强化，才能最终使员工群体朝着同一方向凝聚在一起。

案例：美团——紧跟时代入局电商

2020年8月，作为传统团购行业起家的美团，上线了"团好货"精选平台，由此正式宣告入局电商市场。

"团好货"精选平台最初的业务集中在生鲜类电商和社区团购。在扩大商品类别、在美团应用底部导航栏开设主入口、推出独立应用等一系列举措后，"团好货"还确立了综合电商平台布局方向，并在应用中更名为"美团电商"，取消原有的社区团购业务，增加自有品牌店、全球购物、购物等板块。同时，在首页增加"官方补贴"板块，强化综合电商属性，避免与美团的首选定位重叠。与此同时，在美团应用程序底部的导航栏中也可以看到一个名为"电商"的入口。

作为"最古老"的团购和外卖平台，美团在电子商务方面有以下几个优势。

首先，美团拥有一个对电子商务业务非常重要的物流系统。美团拥有百万级车手配送团队，建立了较为完善的城市配送网络。凭借成熟的平台运营能力和技术实力，美团已经确立了用户和分销成本较低的优势，具有电商业务大规模增长的潜力。

而电商物流最关键的部分不是城市之间的主要物流，而是城市中的快速物流，美团在这一块是目前中国最好的。虽然某些大型电商平台在当地建设的物流也很好，但与美团相比，它们没有送花和快餐的供应链，这是美团的优势之一。

其次，美团的年轻用户比例相对较高。从某种角度来看，抓住了年轻的消费群体，就等同于抓住了无限的机会。年轻用户将使用美团订购外卖、购买电影票、购买机票、预订酒店等，在这个过程中，美团还不断积累年轻用户，这也是电子商务市场的主要消费群体。

此外，美团已经形成了高用户黏性和海量的数据，这是其核心优势之一。许多用户在订购外卖、电影票，商务旅行，甚至骑共享自行车或乘坐出租车时都会使用美团，这逐渐帮助美团对用户形成黏性。在此基础上，美团自然会做这些消费群体普遍使用的电商服务。电子商务布局的门槛，供应商在上游相对次要，关键是解决与客户最基本的黏性，这就是美团的价值所在，也是它转型的最大优势之一。

美团的转型就是充分利用了自身原有的最大优势，来加速发展的速度以及降低转型的成本和人力，同时企业的生产过程、业务流程全面利用数智化，紧跟时代的步伐。

通过本章的介绍，相信大家都对平台赋能企业有了更为深刻的了解。对于传统企业而言，要想在平台时代寻求出路，就必须认识到平台化对于企业的重要意义。企业只有从市场竞争、运行模式和人才储备等方面加强工作，加快企业与"互联网+"的融合，才能增强企业在平台经济中的竞争力。

第二部分　平台时代的新业态

/ 第四章 /

互联网时代盘活资源的机遇

> 原有的资源是我们迈向未来的"踏脚石",若不知道"踏脚石"在何处,那么它就会成为"绊脚石"。

未来商业模式的竞争主要是平台的竞争。所谓平台战略,就是指在互联网环境下,企业要改变原来的传统思路,改变传统的单向垂直的商业模式。

简单概括来说就是,平台的企业不再把服务某一个群体作为市场目标,而是由传统的制造加工转向从产业供求之间的连接点去寻找红利,聚合双边乃至多边群体,而传统商业模式中的各类资源,就是我们企业转型平台的"踏脚石",如果没有把这些资源盘活,就会成为企业发展的累赘。企业可以通过互动性的机制来连接这些群体,满足各群体的需求以此来获利。

我们要意识到,如今的商业世界已经发生了本质上的变化,它已经从以前的单边市场模式转向了双边市场模式。

在这其中,平台所起的作用就像旧时的集市,将小贩、顾客、收租人聚集在同一个场所，并且分别满足他们的需求。

这对互联网环境下的企业来说无疑是一种新的商业机遇，同时也意味着企业要树立从单边到多边的服务和竞争意识。在这一章，我们继续和大家探讨平台时代下企业的应对手段，希望能给大家带来一些帮助。

一、企业内部资源的整合与利用

一个企业要想生存，就要寻求最大化的利润，而所谓利润就是销售和成本的差额，成本越低，利润越多。对于企业来说，虽然这是一道最简单的数学题，但并非每个企业都明白最简单的道理。

当下，许多企业产品同质化严重，谁的产品成本低，谁就有市场，谁就有生命力。有些企业抱怨市场不景气、缺少政策、融资难、融资贵、交通不便、人才缺乏等，那么试问企业自身，有没有试过通过整合自身资源来获得新生呢？

随着传统企业平台化转型的深入，激活和利用企业原有的资源，不仅可以大大降低企业转型的成本，更重要的是盘活原有的企业业务。大家要知道，所谓整合，是指企业对不同来源、不同层次、不同所有者的资源或能力，按照合作竞争机制和协同规则，进行识别、选择、吸取与配置、激活和有机融合，使之具有较强的灵活性、系统性和价值性，并最终实现、获取、分配价值的复杂动态过程。

那么，该如何对企业原有的资源进行整合与利用呢？

第一，分析自己的企业有什么资源可以被他人利用，并对资源进行分类。一般来说，一个企业可以利用的资源包括优势资源和待盘活资源。

第二，在清点和区分现有资源之后，企业才能明确资源整合的目的，也就是说要把已有资源、已经熟睡的或者等待盘活的资源拿出来跟别人整合，而不是和某些经营者想的那样，整合资源是为了减少成本。我们要记住，找出企业所缺乏的资源，为我们所用，才是盘活企业资源池的最终目的。

此外，我们还可以通过"资源交换"的方式"为他所用"。未来，各种信息和资源都会更加开放、透明，不同的企业之间不仅可以以最低的成本来交换资源，更重要的是，通过类似"物物置换"的方式，能够互相盘活资源池。

比如，我们可以以业务外包的方式，来降低人力成本；再比如，可以直接在 B2B 网站上进行批量购买替代品，价格更便宜更划算，反而省去了支付给中间商的成本。因此，企业不妨换位思考，多想想如何利用资源整合来提高效率，如何扩展或优化优势资源，等等。

近年来发展较快的春秋航空公司，也是玩资源整合的一把好手。春秋航空进行资源整合，主要通过两个方面：一是利用自身的优势，二是联合客源，建立客源地，建立客源市场。2015 年，春秋航空联合日本房地产公司在日本建立了 200 多家酒店和购物商城，房地产商负责具体运营，而春秋航空则负责引流。

我们知道，春秋航空被称为低价航空。它之所以票价低廉、客座率高，靠的就是通过其旗下旅行社引流，把旅客直接带到自己所投资的酒店和购物场所消费，以弥补低票价所产生的差价。

总的来说，企业可整合的资源不仅仅是有形的商品，还包括知识、技术、模式、渠道等无形资产。随着一体化的深入，企业的资源配置效率有可能会越来越高，这也是企业战胜竞争对手的最高境界。

二、单边市场与多边市场的差异

在经济领域，有个词叫"单边市场"，即商家只向消费者出售产品，这种经济模式在传统行业和互联网行业都存在，在这种模式下，商家竞争的主要方式就是价格战，比如我们之前一直看到的京东与其他电商之间的价格战。

和"单边"相对的概念是"多边"，即通过一个平台，存在多个利益主体而不仅仅是消费者。其特点之一是，它可以免费或补贴于其中一方的市场，然后从另一方的市场中获利，其最终目的不是单纯地在某一领域中获利或形成垄断，与此相反，平台的终极目标应该是打破垄断，寻求多赢。

从一般意义上来讲，单边市场是商家向消费者出售商品，市场中商家通过价格战进行竞争，它是在生产者与消费者之间创造和转移商品价值的线性链环境。而多边市场则是通过多个交易平台同时面对消费者的竞争，有多个利益主体，即消费者和商家。

多边市场和单边市场的区别有以下几点。

1. 生产者与消费者在多边市场中直接互动

平台在商家和消费者之间扮演的是一个协调的角色。如果双方（或多方）可以很容易地找到对方，平台就没有价值了，众多的机构和个人卷入了复杂的劳动分工，又分担了来自市场的风险，才是平台产生的初衷和存在的意义。协调者的重要性，在于减少双方在匹配过程中的摩擦，这也是设计核心互动机制的关键。

比如，消费者到商店买午餐就是单边市场，但在单边市场中，消费者并不直接与厨师打交道，如果说消费者是通过线上的外卖平台来选择午餐，那么这个外卖平台就可以定义为多边市场。多边市场就是利用软件、应用或者服务，通过促进相关多方间的直接互动来创造价值。

又比如，一家连锁咖啡店其实就是单边市场，连锁店的价值是各连锁店的价值加在一起，但如果建立了一个咖啡产业平台，那么创造的价值远不是各个咖啡店的总和，而且产品可以快速延伸，横向来看，可以为咖啡、纯净水、冰淇淋、沙拉、纯净水等，纵向上可以为咖啡店供应塑料杯、玩具等，甚至可以尝试建立第三空间生态圈。

2. 多边市场具有非线性

多边市场所创造的价值，将远远超过多边市场中各方创造的总和。更有甚者，基于网络效应的价值会呈指数增长，成本会迅速下降，也就是说，每一个新生产的单位生产的产品所增加的总成本（即边际成本）会迅速下降。

对于互联网平台，提供高边际成本的产品具有较大的风险，理论上，当利润收回固定成本后，其边际成本将降至零。在财务或资本方面，这很有吸引力。

多数企业家选择的商业模式是平台战略，建立双（多）边市场，从而吸引投资者的注意力。对刚进入双（多）边的平台企业来说，一定要想办法把双方"拉到"平台上。投资与定价策略是两个重要途径：定价是通过免费服务或接受服务来回报，最终的目标是获得消费者在市场一边的临界数量，而投资的方式是在市场一边投资，以降低消费者参与市场的成本。

为什么现在大部分创业者都选择做平台呢？

创业者基本上都有"想法"，有小团队，只是缺少资金。但资本都是"贪得无厌"的，这迫使它必须把注意力集中在未来可能存在巨大市场的项目上。因此，大多数企业家的商业模式都是平台策略，建立多边市场。单边市场并非不赚钱，但是它受人力、物力限制，存在边际成本问题，规模都比较有限。它不是一个庞大的、前景良好的市场，而是对技术和资金要求很高，是一般初创企业甚至大多数创业者都不可能具备的。

举例来说，如今AR（Augmented Reality，即增强现实）很火，但基本上都是封闭或半封闭的3D成像技术，都是概念炒作，并非真AR。要实现真正的AR，要么是技术突破解决全开放式3D全息成像技术，要么是像电影中的神经元刺激一样。两者都是棘手的问题，需要大量的研发经费投入，创建者根本做不到，风投也不太愿意介入，至少在现阶段不会介入。

平台通常是由单边市场向多边市场演变而来，是自发涌现、协同发展的过程。作为价值网络中心的平台企业，是围绕客户价值提供的资源整合与规则制定者；平台是多边市场的连接者，是商业生态系统的主体。它并非一种姿态，而是一种合理的商业选择。今天，使用平台的人已不仅仅局限于买卖双方，还包括消费者、零售业、增值服务提供商、物流商、电子支付供应商、商品供应商、品牌持有者以及自由职业者等，都可以发现自身的商业价值，从而形成丰富的商业生态系统。

案例：海尔利用自身资源快速转型

创建于1984年的海尔集团，经过30多年的不懈努力，从一家街电冰箱厂成长为家电制造业的巨子，再到成为世界领先的美好生活解决方案提供商。2021年，海尔全球营业额3327亿元，同比增长10%；全球利税总额415亿，同比增长14.3%；生态收入292亿元，同比增长23.5%，实现逆势增长。

公司成立以来，海尔一直坚持以用户需求为中心的创新体系来推动企业的持续发展，在管理创新、组织创新、技术创新等方面成绩突出，多次荣获"全球最具创新企业"称号。

革新被视为海尔的灵魂。那么，在平台经济时代，海尔是怎么革新的呢，如何才能实现海尔"人单合一"的管理模式呢？

1. 价值创造方式

伴随着网络与物联网的并行，海尔正努力向网络化平台型生态圈组织转型。一种新模式的开启，意味着要彻底抛弃原来的管理和经营模式，充分利用平台资源，迅速实现自身变现价值。

互连设备是智能制造平台的核心组成部分。互连设备的互连功能主要体现在：用户互连、用户与"网器"连接、用户和全过程互联。互连工厂与平台上的其他核心部件一起构成了新的价值创造方式，这背后是市场、技术和管理力量的高度协同。

我们一起看看，要变革成这样一种管理模式，需要什么样的数智化能力、什么样的数智化平台去支撑。

关于数智化转型的目标，海尔的定义是"企业无边界、管理无领导、供应链无尺度"。企业无边界是指要持续优化全球顶尖的资源，并及时引入海尔；管理无领导是指打破网络限制，拉近员工与用户的距离；供应链无尺度就是要建立按需设计、按需制造和按需配送体系，从而实现个性化定制规模化。

而要实现这些目标，就要通过数智化平台转型升级。传统制造企业的价值链串联过程太长，不能迅速响应用户需求。海尔通过与数智化服务机构形成战略合作，创造了"市场—研发—设计—生产—市场"的环状价值创造方式，随着创新的深入，环状价值链又逐渐演化为并联协同价值链，面对用户需求、共享用户信息、提供用户服务，成为海尔在转型期内最主要的价值创造方式。主要是从三个方面入手。

（1）模块化定制。将冰箱的300多个零件分成20个可对接模块，从而提供16大系列、100多个信号模块化生产的定制产品。

（2）众创定制。根据用户创意，通过用户投票等机制，筛选出能够满足部分用户群体特殊需求的产品方案，一旦订购数量达到生产所需的最小批量，即可投入生产。

（3）根据海尔在智能制造转型过程中的管理经验、技术解决方案和基于平台沉淀的数据，以大数据增值服务方式提供给企业客户。

海尔通过多要素协同创新，更新了传统制造业的价值创造方式，奠定了海尔平台化转型的商业模式基础，以创新为动力的智能制造平台将对用户的关注发挥到极致。在用户需求导向下,智能制造平台已经成功孵化了 AMAS 控氧保鲜冰箱、小焙烤炉等许多颠覆性原创科技产品。

2. 开放创新平台

开放创新的概念首先被亨利·切斯布罗(Henry Chesbrough)等人提出,强调了创新主体与外部组织的关系,从而获得创新所需要的各种资源和商业化途径。海尔创始人张瑞敏认为,网络时代企业发展关注的焦点不是自己有多少资源,而是有多少外部资源可以被利用,提出了"不求全,只求用""世界就是我的研发部门"等口号。

海尔的开放式创新尝试是以"全时空创新"为实践基础的。在平台化转型之前,海尔已经在欧洲、北美、亚太等地区拥有 15 个研发中心、6 个设计部门、10 个科技信息站,形成了一个遍布全球的信息化网络;在国外建立了 48 个科研开发实体,同时建成了海尔中央研究院,实现了创新全球化。而在全时创新方面,海尔依靠"即时创新"和"立即行动"的理念,总是比竞争对手领先一步来满足用户个性化需求,依靠接力式创新,充分利用不同地区时差优势,大大缩短了开发周期。

海尔开放式创新平台——HOPE 平台的形成,得益于海尔前期全时空创新的大胆实践,这也是海尔在互联网时代对全时空创新理念的回应。综合创新阶段,海尔通过在全球范围内建立研发网点、建立科技信息点,率先在开放式创新平台上布局网络节点,形成了海尔开放式创新能力的雏形。在新的发展时期,依靠灵活的合作协议和方便的信息交互工具,海尔成功地将企业内部研发网络扩展到外部,形成了涵盖多个利益相关者的开放式创新平台，进一步提高了海尔的创新效率、缩短了创新周期。

海尔通过开放式创新平台，开发了海尔智能烤箱等一系列广受市场好评的优质产品，并获得了企业技术创新工程国家科技进步二等奖。

3. 创业创新平台

在此基础上，海尔吸引了各行各业的人才。"创吧"就是其通过与内部人力资源生态圈内的其他资源（如海尔大学、共享中心、资源创新平台等）连接起来，开发汇聚更多一流的资源合作共赢，用互联网方式落实人才的各种理念，逐步实现全生态的人力资源互联网建设。

从海尔的创业平台"海创汇"上可以看到来自不同领域的创客，该平台不仅吸引了大量的孵化资源、投资机构、创业项目，而且还建立了创新创业孵化基地。为了提高创客创新创业的成功率，"海创汇"不仅提供创业资源支持，还提供商业技术识别、人才技术对接等服务。

2015年，海尔成为我国第一批国家级"创客空间"，并入选首批国家双创示范基地。而海尔创业平台的建立过程实质上就是在全员创新的推动下形成全员价值契约的过程。在网络时代，全员创新思想首先调动了海尔内部员工的积极性，为构建网络时代的创新创业平台提供了人与平台的连接机制。

无论是海尔这种传统的大型企业，还是其他中小型企业，其实都可以通过平台的模式来创新。只要你不害怕改变，不恐惧新的时代，那么就一定能再次引领潮头，再登高峰！

"雄关漫道真如铁，而今迈步从头越。"平台时代不仅仅是属于新的创业公司，更是属于曾创造了商业传奇的每一位企业家。

相信通过这部分的讲解，大家都对如何应对平台时代的到来有了一定的认识。当然，在商场我们需要的不仅仅是理论知识，更重要的是要制定实用的商业战略。在下一部分，我们将会为大家介绍一些行之有效的商业战略。

第三部分

平台时代的转型密码

未来企业之间的竞争,
不是产品和服务的竞争,
而是商业模式的竞争。

第三部分　平台时代的转型密码

移动互联网时代，以流量为核心的互联网商业蓬勃发展，电商平台、本地生活平台、出行平台层出不穷，覆盖了人们数字生活的方方面面。

我们现在了解世界的渠道大部分来自互联网和移动互联网，而且现在各行业有 25% 的产品也是通过电商、线上渠道进行交易的。

而这些都得益于基于大数据、云计算等基础技术而建的平台，比如近年来人们热议的新零售，其实就是数据驱动的线上线下融合的做法，通过发展线上新功能与原有的线下业务进行重构、融合，给消费者提供了各种各样的创新产品和服务。

我们相信，未来会有更多的行业通过线上化、数字化，进一步与线下业务做融合。这就意味着，平台还有着更广阔的发展空间。

可见，平台的构建是企业核心竞争力的延伸和扩展，企业实施平台战略，可以是通过建立新的平台，去打败一个旧的平台，也可以是在现有的平台体系中，通过争夺领导权提升自身在产业中的地位。

第一章

平台时代的必经之路

> 只拥有优秀的产品而没有创新的商业模式,是不可能永远立于不败之地的。

伴随着消费者的需求、供给以及市场形态的改变,赚钱的逻辑也发生了根本变化。以前,物质比较匮乏的时代,最赚钱的生意就是卖货赚差价,这也是许多传统企业发家致富的主要方式,说到底,赚的是信息差的钱。

那时候商品是整个市场中最重要的资源,只要有了货源,就可以靠低进高出赚到大钱。但现在已经到了产能过剩的时代,加上互联网和大数据的高度发展,在整体需求未增长的情况下,市场将出现同质化。

因此,当市场供大于求时,商家就会变得十分被动,利润空间将急剧缩小,这才是生意难做钱难赚的真正原因。

随着平台时代的到来,以前粗放、草创式的产品和企业将越来越难进入市场,而平台战略则是传统企业从经营产品链转向为经营产业价值链的创新商业模式，帮助企业从企业管理升级为平台管理、企业服务升级为平台服务，从依靠信息不对称性、价值不对称性索取商业价值，到制造信息对称、利他获得商业价值，以实现所在产业链的优化，重构企业的价值链定位，通过按需生产、按需流通、按需服务等方式实现企业价值链的持续、健康发展。

一、平台时代的商业模式

我们在前面提过，平台是指在平等的基础上，由多主体共建的、资源共享、能够实现共赢的、开放的一种商业生态系统。平台是连接者、匹配者和市场设计者。

平台模式的几个主要因素如下：平台、生产者、消费者、价值。其中，价值包括商品、内容、服务、金融、社交、时间等。

在平台基础上建立起来的商业模式有如下一些特点。

1. 建立共同的机制

平台是多主体参与的组织或系统，单一主体无法建立平台；同时，平台应该是大家集体开放构建的自组织生态系统。此外，平台最重要的特点就是建立共同的机制，也就是说要开放共建平台。

2. 建立多方面互动和分享

平台最大的特点就是建立多方面的互动，任何人与任何群体之间都可以自由地进行互动。多方面互动是分享的开端以及必然条件，只有产生互动，才能创造价值。比如微信、Facebook，它们最大的特点就是多方面的互动，而且是双向正循环的互动，双方都可以为对方贡献数据价值。

此外，建立共享平台也是平台的特点之一，在互联网上经常会出现开放源码的词汇，开源就是一种共享机制。

3. 实现多方面共赢

要想获取利润，建立完善的平台体系，就必须吸引各方主体参与，共赢就是一个前提。因此，设计平台的交易架构必须以多方共赢为基础。例如，淘宝、招聘网站属于双边模式（供需双方），搜索平台属于三重模式（供需双方＋广告方）。

4. 连接互联网开放数据

平台有数据库和信息管理的优势，与互联网的连接可以最大限度地扩大参与主体。网络社会中，"个人"与"企业"的价值大小，取决于网络社会中连接点的宽度和厚度。这些连接越广泛、越厚，价值越高，这也是纯粹信息社会的基本特征，结果如何取决于你所掌握的信息内容。

5. 开放式平台去中心化

平台具有去中心化、分布、平等、互动等特质，尽管各点的权值不同，但没有一个点具有绝对权威性。

二、双边市场平台与单边市场平台

平台的种类多种多样，我们熟识的就有资讯平台、社交平台、电商平台等，那么从理论上来讲，平台有哪些分类呢？

一般地，我们可以根据连接各方的不同来进行分类。

1. 双边市场平台

所谓双边市场，也被称为双边网，是指"有两个互相提供网络收益的独立用户群体的经济网络"。

当一个平台将两个用户群连接起来时，双边市场就会出现。双向市场是指一组用户的效用受到另一组用户群的影响而产生间接网络效应。

由于在双边市场上，一方用户的效用会受到另一方用户的影响，因此，对一方用户的价格不仅取决于双方用户的需求、服务用户的成本，还取决于另一方用户的需求

要确定某一类平台是否为双边市场，需要满足以下两个条件：首先，需要两组客户通过平台产生互动；其次，客户群体的决定和行为会影响到平台带给其他客户的价值。

简而言之，就是一个平台把两个不同的群体联系在一起。为便于大家理解，我们找了一个典型的双边模型案例——拼多多。

要问近年来最成功的新兴电商平台是什么，那么一定非拼多多莫属。根据公开数据显示，2021年拼多多净利润高达66亿元，月活跃用户数达到7.246亿，较2020年同期的4.874亿，同比增长约50%。拼多多App平均月活跃增速是全网的28.8倍。毋庸置疑，拼多多已

然成为除淘宝以外的全国第二大电商平台。作为一家成立只有几年的公司,拼多多到底为什么可以成功呢?

因为,拼多多走的是"农村包围城市"的道路,满足了极大多数人的购物需求,主打价格低廉的产品。此外,它深谙用户心理,开创了很多创新的购物玩法,比如拼团、帮领红包等,这也是很多人在拼多多上买东西或参加活动的原因。通过转发、讨价还价、拼凑等行为,你就可以随时得到折扣,为什么拒绝呢?

拼多多的大部分活动设定的门槛都非常低,但诱惑力非常强,比如一分钱就可以抽取品牌手机。拼多多设计的每一项活动都会让用户觉得不坚持是一种遗憾,例如,你可以通过讨价还价得到一个红包,对于100元的红包,你可以一把砍98.7元,只剩下1元或几分钱的差额。此外,人们还可以廉价获得微波炉、电饭煲、电视和其他家用电器。

虽然无论是团购还是特价都不是拼多多的原创,但拼多多在微信的帮助下将其发挥到了极致,只有拼多多才可以在微信上如此"肆无忌惮"地创建群和讨价还价。

总的来说,拼多多在商品方面取得成功的核心原因,是爆款策略和低价路线。

(1)爆款策略。

拼多多最早卖的是水果,直到现在,水果仍然是拼多多的亮点。此外,还有一类日常必需品——纸巾,拼多多的一款纸巾,年销售额超过500万份,营业额超过5亿元。

(2)低价路线。

拼多多的商品几乎能做到全网最低价,它的售价核心只有一个,那就是便宜！在不同的双边市场平台，走的运营策略也有所不同，同样的商品，拼多多走的是薄利多销，天猫走的品牌。如果把天猫比作商场或者品牌店，那么拼多多就是百货市场。对于用户来说，可能百货市场去的概率更大，受众也更广，当然更没人愿意多花钱。

拼多多将围绕用户的高频率、刚性需求和低价格的商品策略做到了极致，尽管近年来拼多多也在努力反攻一线和二线，试图提高用户对拼多多廉价、低端产品的品牌认知度（这与用户对环球淘宝的评价完全不同），但仍有很长的路要走。

2. 多边市场平台

什么是多边市场呢？所谓多边市场是指"通过某个（或者多个）交易平台，使得终端用户形成互动，并通过适当的定价，使市场的每一端都能够参与"。

简单来说，一个商家把商品卖给消费者，这是单边市场，主要通过价格战的方式竞争。多边市场则是通过一个平台，多个商家同时面对消费者。

我们身边的多边市场比比皆是，比如信用卡将商家与持卡人连接起来，报纸将读者和广告商连接起来，等等。

平台型的构建方式所形成的生态圈，不再是单向流动的价值链，也不再是单一一方供给成本、另一方获得收益的简单运营模式。

需要提及的是，当平台企业对某一集团采取策略性开放措施时，该集团就会成为生态圈中独立的"边"；反之，如果该集团的业务完全由平台企业主导，就不能被视为独立的"边"。这类企业最初采用双边模式，根据发展导向或竞争，会开启或关闭第三方团体，但这种战略决策并非严格的三边模式。平台型企业是以三边模式为核心，无人能取代一方或三方。

概括来说，多边市场平台模式的核心资源是平台。

相信大家对于谷歌这个搜索引擎都不陌生。谷歌的核心资源是搜索平台，这个搜索平台提供了三种不同的服务，分别是网页搜索、广告投放和第三方内容货币化。它有三个关键业务，分别是建设并维护搜索引擎基础设施、管理三类客户细分群体、推广其搜索平台。它的三类多边平台用户，分别是普通网民、广告主和内容创作者。

谷歌从雅虎吸取教训后，不遗余力地致力于搜索技术，确保最佳的用户体验。经验是留住顾客的关键，风景这边独好，其他地方不如这里，来了就不要去。

搜索引擎不仅是谷歌对抗竞争对手的护城河，也是用户退出的障碍。这里着重指出进入与退出障碍的意义在于，网络创业企业一开始搭建平台，就要考虑护城河在哪里，靠什么留住客户。

用户注册登录是因为平台能为自己带来价值，而他留在这个平台上，也是因为这里的价值具有不可替代性。换言之，平台不仅要为用户创造价值，而且要有足够大、足够独特的价值，这样才能建造足够高的进入壁垒，对抗"家门口的野人"，并保护来之不易的市场。

除了按照连接各方的不同分类外，也有根据连接双边市场的各方性质来进行分类的，在此也简单介绍一下。

（1）纵向平台：作为中介，不参与诸如购物中心、银行卡网络、B2B平台等特定交易过程。

（2）横向平台：匹配那些能够吸收公司特性的不同群体成员互相交流和组合的空间，例如通信网络、电子邮件、社交网络、即时通信，两方都是生产者和消费者。

（3）受众平台：免费为目标用户提供服务，同时这些服务由报纸、电视、搜索引擎、互联网等商家提供资金支持。

三、主流平台的基本形态

通过前文的讲解，你是不是对平台的分类有了更进一步的理解？不过，大家可能也会有一个疑问，那就是"我的企业适合什么样的平台"呢，到底要往哪类平台转型或者合作比较合适？我们可以先通过分类来观察主流平台的各种形态，思考一下自己的企业适合往哪个方向走。

1. 电商平台

电商平台可以分为几大类，包括 C2C（Customer-to-Customer，即消费者对消费者）平台、B2C 平台、B2B 平台。

C2C 平台的主要角色是做交易对接，卖家为个人或中小型商家，销售以实物为主，有集市型和社区型两大种类，比如淘宝网和 eBay。概括来说，就是"个人与个人之间形成的消费关系"。

B2C 平台主要是指销售实物商品的网上商城型零售平台，线下类似的如超市、百货商店或购物中心等，其最大的特点是商品经营一般既有自营的方式，也向第三方商户开放，比如天猫和京东。概括来说，就是"企业与个人之间形成的消费关系"。

B2B 平台主要是指企业之间进行生产资料和商品交易的平台，平台一般还会介入供应链信息化、供应链整合和金融业务等。概括来说，就是"企业与企业之间形成的消费关系"。

2. 服务性交易平台

服务交易平台中典型的服务性交易平台，有餐饮外卖、到家服务、打车出行等。餐饮业的服务商本来是固定的，通过增加外卖配送这一功能，美团外卖、饿了么、百度外卖等平台将其服务商变成了流动平台。出行打车是一种特殊的流动服务交易平台，它为用户提供从一处到另一处的服务。但是，与之相比，民航、火车、游轮等服务更接近服务商的固定服务，它们不会因个别用户的需求而改变路线，相应的交易平台也更接近于销售酒店房间的平台。

3. 社交平台

一般来说，社交网络和手机社交会向第三方提供开放平台，第三方通过人工编辑界面或应用程序界面访问。手机互联网上的社交开放平台有以下几种方式：提供社交账号登录，比如通过微信、微博、QQ账号登录第三方应用，通常也允许第三方向社交网络发布内容；提供人工编辑界面，例如微信公众平台，第三方主要在该平台提供的编辑后台发布内容；提供开放应用程序接口（API），向第三方开放社交关系、计算能力等，一些超级App也通过API向第三方应用开放智能手机的硬件能力等。

4. 内容型社区平台

内容型社区平台不生产内容或引入第三方内容，而是提供社区和让用户创造内容的工具，使用者是内容的生产者和使用者。典型的内容型社区有最早的社区形式 BBS 或论坛，有分散在因特网上的 Blogosphere（博客圈），有诸如豆瓣、知乎、Stack Overflow（一个与程序相关的 IT 技术问答网站）等，还有一些视频工具如美拍、秒拍等社区。

5. 电子支付和在线支付平台

电子支付是指单位、个人直接或授权他人通过电子终端进行支付，实现货币支付和资金转移的行为。其类型按电子支付指令启动方式，分为网上支付、电话支付、移动支付、销售点终端交易、ATM 交易以及其他电子支付。在讨论互联网平台时提到的电子支付和在线支付平台，通常连接商家、银行和用户，帮助用户为购买商品服务支付金钱，典型的是传统的银联平台。过去，大部分企业的许多业务需求或功能需求高度相似、通用性强，但没有专门的团队负责规划和开发，大量系统重复开发和构建，导致可重用性低、效率低，浪费生产和研究资源，用户体验不一致。

而在早期的业务开发过程中，为了解决当前的一些业务问题，垂直的、个性化的业务逻辑与基础系统耦合太深。由于缺乏平台规划，横向系统与上下游系统之间存在很多交叉逻辑，使得系统无法在新业务和新市场的拓展中直接重用，甚至无法快速迭代。

当企业进入成熟期时，发现这些问题严重影响了企业的运营效率和运营成本。如何以机械化、产品化的方式解决这些问题，以产品的形式更好地规划和开发企业内部通用性强的数据、功能、产品甚至体验，更好地帮助前台业务部门更加关注业务，提高企业经营效率，增

平台战略

强企业竞争力，是企业实施平台战略的基本出发点。

像我们前面讲过的"大中台，小前台"这种平台机制，就能够让企业业务更加便捷，解决以上所有问题，让企业更快速地适应瞬息万变的时代，因为中台能够整合整个集团的运营数据能力、产品技术能力，对各前台业务形成强力支持。

比如，通过构建共享服务架构，阿里巴巴摆脱了"烟囱式"系统构建方式带来的各种开发束缚，实现服务的高效重用，赋予业务快速创新和试错的能力，提高组织形态变革带来的组织效率。

再比如，华为通过数字化转型重塑自己的业务流程。它利用先进的数字技术来改变原有的业务流程，率先实现ROADS（Real-time，实时；On-demand，按需；All-online，全在线；DIY，服务自助；Social，社交化）体验，并成为行业基准。数字化转型应该由业务和技术驱动，回归业务本质，为客户和用户创造价值。华为中台战略转型的核心，即著名的一句话——"让听得见炮声的人指挥战斗"，就是以角色体验为主，充分利用中台服务能力，根据业务场景安排服务，满足前台体验需求。

第二章

平台转型的必胜法宝

> 人类生活在一个虚拟的、数字化的活动空间中。在这个空间里,人们利用数字、信息等技术从事信息传播、交流、学习、工作等活动。

近年来,电脑和智能手机的普及迅速而猛烈地将我们拉进了虚拟空间,而不是基于个人意愿。主要驱动力包括两个方面:一方面,数字技术给用户带来了极大的便利,使用这些技术甚至可以很容易地满足一些人的底层需求,比如沟通和响应的需求,而公众总是喜欢简单方便的方式;另一方面,新兴的数字科技公司一直在不遗余力地从与个人生活相关的社交网络、娱乐、衣食住行等方面探索新的产品和服务,以引导、促进甚至诱导人们使用数字产品,比如拼车和网购前的"烧钱"促销。

在这样的生活环境中,人们的生产方式、生活方式、交流方式、思维方式和行为方式都呈现出了新的面貌。例如,生产力要素的数字化渗透、生产关系的数字化重构、经济活动的全面数字化,使社会

平台 战略

物质生产方式打上了强大的数字化烙印。人们通过数字政务、数字商务等活动来反映新的数字政治和数字经济；通过在线学习、在线聊天、在线游戏、在线购物和在线医疗，描绘了不同的学习、交流和生活方式。这种方式既是对现实生活的模拟，也是对现实生活的延伸和超越。

而这些都得益于互联网的发展，如今的互联网平台正在进一步发展，将生产者和消费者联系起来，从而促进大规模的社会合作。

在工业化大生产的一百年里，大多数的价值创造都发生在企业内部。大公司就像"管道"，资源在"管道"中流动，增加价值，输送到消费者。如今的互联网平台正在进一步发展，将生产者和消费者联系起来，从而促进大规模的社会合作。

如今的互联网平台，既有互联网公司创造的，又有现有企业成长起来的，平台模式也成为传统企业数字化转型的新思路。在这一章，我们将为大家介绍一下平台发展的几大驱动力。

一、互联网平台发展的核心驱动力

1. 数字信息处理技术

所谓数字信息处理技术，有狭义和广义之分。狭义是指"利用数字技术，对具体业务、场景的数字化改造，更关注数字技术本身对业务的降本增效作用"，而广义是指"利用数字技术，对企业、政府等各类组织的业务模式、运营方式，进行系统化、整体性的变革，更关注数字技术对组织的整个体系的赋能和重塑"。

简单来说，数字信息处理技术就是指在整合信息化的基础上，提升企业对数据的处理能力，进一步增加企业的效能。

在平台时代，数字信息处理技术的浪潮已经深刻影响了各行各业，比如音乐、媒体、出版、旅行等，消费者的需求通过这种全新的方式得到满足，听音乐不用再购买唱片，而是可以通过网络下载，阅读也不需要到书店买实体书，可以通过电子书进行线上阅读。

以数字技术为代表的新一轮产业革命和技术变革不仅全面影响着人们的生产生活方式，也深刻推动着社会治理的数字化转型。

随着新一代信息技术的蓬勃兴起，加强和创新社会治理，必须抓住信息技术革命带来的机遇，充分发挥科技对社会治理的支撑作用，将数字技术的全链、全周期融入社会治理，提高不同场景需求下的社会治理能力，从而更好地维护社会稳定、维护国家安全。

数字信息技术的发展和应用使得人们对数字信息的整理和分析更加简单和高效，同时，更方便地获取信息数据，为顺利高效地完成日常工作打下了坚实的基础。

数字信息处理技术虽然取得了很大的进步，但仍存在许多不足和问题。为了顺利有效地解决今天所面临的问题，更好地服务于社会，我们一定不能满足于目前数字信息技术的发展水平，必须加强对数字信息技术的研究，促进数字信息处理技术的不断发展。

当今，多媒体信息技术得到了广泛的发展和应用，为人们的生活提供了极大的便利。多媒体信息技术通过视频、图片、音频和文本信息的有机融合，使信息共享更加方便、快捷。

例如，现在的高铁站既没有人工售票，也没有人工检票。你只需要用你的手机订好票，然后带上你的身份证，用你的手机叫车到高铁站。拿好你的身份证，做人脸识别，通过安检，然后到候机厅找入口，用身份证进行人脸识别上车。一切都是数字化完成的。整晚排队买票的复杂性、逃票和上车检票的复杂性，通过数字化而变得简单。

此外，数字信息技术在助推民族文化等方面也做出了不小的贡献。比如，河南卫视在唐宫廷宴、精彩元宵节之夜、水下洛神舞之后，推出的《七夕奇妙游》再次火爆全网，又一次将中国传统文化推向了前沿。而这些成功的背后，都是得益于AR、AI等数字信息技术的革新。通过真实拍摄与技术的融合，化古为今，把枯燥变成生动，民族走向世界，将在中国乃至世界掀起一股中国风和民族灵魂的东方浪潮。

当然，现在还是有大量的事物尚未开始数字化，比如教育信息化、公共交通信息化等，这就意味着企业可以在这些行业开拓商业蓝海。

当前，各种商业行为还在以难以估量的速度向数字化演进中，比如更为高效的数字化方法有新的视频技术、5G相关的应用等，这些都是具有关注价值的方向。

2. 连接所有事物

各类产品数字化之后，不仅仅能为消费者带来更好的消费体验，更主要的是它还能够使各个事物之间形成联系。互联网的连通性是平台的起点，互联网不但连接了更多的实体，而且还在高度细分，从而增加了连接频率。

在过去，传统的零售连接模式只有两个独立的部分：一个是客户认知链，另一个是产品（服务）交易链。许多传统零售没有建立"企业与客户关系链"（如会员制模式）。因为没有关系链，谁是客户、客户去了哪里、客户如何使用他们的产品、进入商店的顾客是常客吗、如何有效地向客户传递促销信息，这些信息超出了企业的控制范围。

当虚拟网络场景、"人与人"连接的社区场景和零售终端主导的实体场景形成结构化组合时，流通价值链也将发生显著变化。在实物产品方面，从制造商到消费者的流通环节越来越少，销售路径越来越短；在流通形式上，直销和直供的比例将增加。品牌与消费者之间的联系越来越多样化，联系的深度也越来越大。

从商业角度来看，有两种连接方式。一种是从搜索入口纵向深入挖掘，代表企业是百度；一种是横向连接——从联系人、入口、产品、搜索、IP等开始，到"广平"网络，代表企业是腾讯。

现代企业竞争的核心不仅是人与人之间的联系，更是人与商品、人与服务、人与场景之间的联系。谁拥有更成功的连接技术，谁就拥有移动时代最大的商业想象空间。

随着业务的发展和技术的升级，大多数零售企业都开展了"联网"工作。然而，这些"联系"通常是零碎的、肤浅的和单一的。给企业带来的影响也可想而知。例如，不久前，一位高级运营商建议一些不擅长自媒体的品牌停止"双重微震动"，将精力放在做好产品上。当然，我认为高质量的产品本身就是最好的"连接点"。

在平台时代，得益于数字技术，能够连接所有事物，而这些事物的连接又反过来成为平台发展的驱动力。

（1）人的数字化。

企业通过小程序交易支付、微信会员卡、微信社区等方式，可以实现客户的数字化；利用企业微信和腾讯云服务，可以实现对员工的数字化管理。然后通过工具和场景，将不同类型的"人"准确地连接起来，进行有效的沟通，可以大大降低客户的营销成本。员工和组织的数字化还可以优化企业的人员结构和数字化技能培训，全面提高员工的能力，有效降低企业的用工成本和时间成本。

某生活时尚品牌的运营负责人感叹道："通常需要20年甚至30年经验的客户，在数字化的帮助下，他们的准确性将会提高三倍。在每种情况下，我们都能准确匹配并实时推送大量数据给一些客户。"

（2）商品数字化。

腾讯优码突破商品单一属性，将商品数字化与数字"人"连接，拓展商品销售渠道。数字化的人与物能够更准确地匹配价值与需求，大大降低企业的营销成本。

另一个例子是实体零售下的沃尔玛，它与腾讯智能零售合作专注于小程序和扫码购物，通过小程序解决沃尔玛排队时间长的问题。目前，沃尔玛的"大购物"已经连接了3000多万名用户，使沃尔玛的结账时间缩短了50%。

（3）门店数字化。

腾讯通过企业微信数字化线下导购，提出"超级导购"的商业业态，将"门店"与线上内容（商品信息、图形、视频、直播）连接。消费者通过社交分享、社交分裂和团购将额外的用户购买带到实体的在线领域。此时，"人"成为实体"场"的延伸，自身成为一个连接的"场"。市场的数字化极大地提高了实体零售的地板效率，降低了产品的社会营销成本。

3. 频带的宽度增长

俗话说，时间就是生命。在争分夺秒的商业领域，时间与一家企业的生存紧密相关。而数据中心频带的宽度，能够间接决定一家企业的发展速度。

频带的宽度简称为带宽，是指在计算机网络中数据传输能力的大小，可以用来标识信号传输的数据传输能力、标识单位时间内通过链路的数据量、标识显示器的显示能力。带宽可以分为信息带宽、物质带宽、服务带宽等，这几类带宽的增长能够促使平台多样化的出现。

用一句话来概括，带宽指的是每秒可以传输多少数据。与高速公路相似，带宽越大，车道越多，通行能力越强。因此，带宽非常重要。如果网络带宽过低，玩游戏、看视频，再好的网站都不行。

随着越来越多的新技术和新标准的出现，提高数据中心的带宽变得越来越困难。目前，数据中心带宽的发展处于突破与疯狂之间，对带宽的需求正以每年 25%～35% 的速度快速增长，预计这一增长率将持续几年甚至更长时间。

那么，频带的宽度如何推动平台的转型？

在过去，简单的信息流限制了信息的流动和进入的范围，互联网平台主要是与信函相关的论坛、门户等。而频带的宽度增长能够提高事物之间的连接度，例如书籍和电子产品、商品和生鲜等，从而促进新业态的出现，例如从餐厅点评、预订位置到团购、付单支付等更广泛的服务等。

4. 云计算和大数据

通俗来讲，云计算就是把以前需要本地处理器计算的任务交到了远程服务器上去，是继互联网、计算机后在信息时代又一种新的革新。

而大数据是具有更强的决策力、洞察发现力和流程优化能力的海量、高增长率和多样化的信息资产，是一种能够获取、存储、管理、分析用户信息的数据集合。

这两者之间的关系，犹如一枚硬币的正反面一样密不可分。大数据必然无法用单台的计算机进行处理，因为大数据需要对海量的数据进行分布式挖掘，这也就意味着，大数据需要依托云计算的分布式处理、分布式数据库和云存储、虚拟化技术。

（1）云计算是平台大脑的中枢神经系统。

在互联网虚拟脑架构中，中枢神经系统统一了互联网的核心硬件层、核心软件层和互联网信息层，为互联网的各个虚拟神经系统提供支持和服务。从定义上来讲，云计算非常符合互联网虚拟大脑中枢神经系统的特点。在理想状态下，物联网传感器和互联网用户通过网络线路和计算机终端与云计算交互，向云计算提供数据，接受云计算提供的服务。

（2）大数据是平台智慧和平台意识的基础。

随着博客、社交网络、云计算、物联网等技术的兴起，互联网上的数据信息正在以前所未有的速度增长和积累。互联网用户的互动、企业和政府的信息发布、物联网传感器感知到的实时信息，每时每刻都在生成大量的结构化和非结构化数据。这些数据分散在整个互联网网络系统中，数量极其巨大，包含了经济、科技、教育等领域非常有价值的信息，这也就是互联网大数据兴起的背景。

同时，大量使用机器学习算法为代表的深度学习在互联网领域已经导致了互联网大数据和人工智能的更深层次的组合，包括世界级的公司如百度、谷歌、微软等。互联网大数据与人工智能的结合，为互联网大脑智慧和意识的生成奠定了基础。

基于云计算和大数据，平台所能提供的价值得到提高，而平台的开放性使得小型平台、产品和服务可以从中受益。

关于云计算与大数据更深入的知识，我们会在后面生态圈的讲解中为大家详细呈现。

5.降低交易成本

从根本上来讲，交易是买卖双方对特定标的物进行价值转移的过程，交易行为遵循现代经济学的交易成本理论。从理论上来讲，它可以扩展到更全面的政治和社会问题，但在这里我们仅用它来解释最狭义的商品交易。

交易成本理论的核心之一是买卖双方会努力降低交易成本，以促进交易行为，提高整体效率，而交易价格并不重要。买方想以低价买进，卖方想以高价卖出，这是人的天性，但是，如果双方都坚持以自己的价格进行交易，则意味着交易成本非常高。如果买卖双方不努力减少损失，交易的失败可想而知。具体来说，交易成本至少包括议价和调解的成本、寻找新目标的成本、监督交易公平性的成本，以及与促进交易有关的所有其他成本。

互联网平台可以降低几乎所有信息相关的成本，降低交易成本，是平台取代企业成为新资源配置方式的驱动力。它以提高匹配效率为主要途径，以产品、数据和算法为支撑，促进生产者和消费者有效匹配。

除此之外，平台时代的分享精神也能够促进经济利益的发展，通过分享行为就能够大大降低交易成本，而企业在对各类信息进行重构时，又能够形成新的价值。

而在互联网功能强大的今天，降低交易成本最直接、最有效的方式就是"上网"进行交易，包括信息搜索、议价、单笔交易等一站式解决方案。降低交易风险是一件很麻烦的事情，需要多重管理。例如，为了降低绩效风险，淘宝采取了一系列制度安排，如第三方担保支付（支付宝）、商家与买家相互评估、物流收货等。

举一个非常简单的例子。你去家具城买一个沙发，要价8000元，你又对比了几家商店，最低是7500元，于是成交。后来，你在网上发现了一模一样的沙发，才4000元，于是你发誓再也不去家具城买家具了。

为什么网上购物这些年来发展如此之快？因为互联网降低了交易成本。没有仓储，没有店面租金，没有中间商，这些成本消失了，所以消费者能够买到更便宜的商品。因此我们说，不断降低交易成本也是促进平台发展的驱动力之一。

如何使交易成本合理和有竞争力？要做到这一点，企业需要从以下几个方面来思考。

（1）从客户的需求出发。

很多企业不了解客户的需求和期望，盲目地相信自己对产品的理解。其实，无论是产品设计、技术创新、销售推广还是服务，都应该从客户的需求出发，而不是从企业的产品本身出发。应该像丰田那样的精益制造学习，努力"为客户节省每一分钱"。

（2）管理客户期望。

客户期望管理是一个管理过程、一个沟通过程和一个共识过程。很多企业有时候都会犯了一个错误，就是把客户的期望值拉得太高，没有管理好客户的期望。此外，有不少企业在生产力发展、产能转换、管理成本、渠道效率、资金有效性等方面存在浪费，他们一方面认为人力成本增加的压力很大，另一方面却仍遵循原有的管理习惯。不断地提高竞争力，让成本更加合理，就是在不断管理客户的期望。

对互联网平台而言，数字化是基础，连接是起点，带宽增长了其扩大的可能性，云和大数据是平台技术的驱动力量，降低交易成本是平台取代企业成为新的协作方式的原因，而共享精神则是互联网平台发展隐含的前提。

二、挖掘企业潜力的不二法门

通过以上的讲解，大家不难发现，以人工智能、大数据、云计算、物联网等为代表的几大趋势正是数智化转型过程的主要部分，而想要挖掘企业智能化发展潜力，中台系统无疑是一个好帮手，它能够利用人工智能、大数据等机器学习新技术，深度挖掘数据价值，构建企业级数据中心，全方位地整合数据资源，精细划分客群，精准营销，大大提升获客能力和转化效率。

中台在数智化方面的贡献，主要体现在以下几个方面。

平台 战略

1. 为平台建立数据基石

中台的数据中心采用大数据技术，通过全面的数据采集、标准化的数据存储和高效智能的数据计算分析，提供全过程闭环数据链路。通过所有终端用户信息的统一 ID 识别客户身份，规范用户数据和行为数据，确保数据质量和易用性，能够实现以下目标：统一的数据管理确保了数据源、数据流和数据更新的一致性；统一标签管理，与肖像系统对接，确保标签数据的统一管理；统一数据导出，以客户集群为使用标准，确保数据一致性。

2. 为企业提供操作简便的运营工具

过去，我们在运营的过程中经常会遇到以下问题：在线营销活动资源有限，没有时间安排新的开发；官方账户功能单一，企业无法及时了解开发和处理情况；操作的活动效果难以跟踪，转换路径容易中断，难以准确评估最终操作值；无法对当地特殊场景开展客户营销活动。

而中台系统能够通过构建全自动、高度扩展的操作模板生成工具，有了这些工具，企业就能灵活快速地开发宣传页面，并构建页面配置或者定制生成系统，工作人员也可以通过拖放等简单操作组装图片、视频、常用组件和材料，并快速配置和生成相应的活动页面。同时，该工具支持与其他内部组件对接和自主二次开发，可以实现运营产品的营销流程配置。

3. 为企业提供决策大脑

目前，大部分的企业运营平台都需要依靠人工，这种低效率的运营方式已经无法满足当前用户的需求。中台系统更为智能化、自动化、个性化，可以通过人工智能机器人的独立操作决策，根据用户反馈自动匹配操作策略，减少人工干预的工作量，大大提高操作效率和准确性。

（1）智能化。

基于人工智能算法，中台能够自动收集行业客户数据，构建丰富的用户肖像，挖掘用户潜在需求，推荐满足其个性化需求的产品。通过准确预测客户行为、运营转型、持续跟踪运营效果，实现页面布局、文案展示等方面的 A/B 测试（一种网页优化方法），自动生成活动报告，精准营销到每一用户，实现场货匹配，数据和操作形成闭环智能决策大脑。

（2）自动化。

中台系统将大数据输入人工智能模型后，通过内部学习机制对初始算法模型进行迭代优化，改变其操作经验只能在操作事件后发生下一个类似操作事件时使用的困境，从而在经营过程中实现变革，不断提高营销效果。

（3）个性化。

中台系统通过整合所有运营资源，通过中间台的运营配置，对不同的客户或员工群体进行实时业务推荐，包括个性化推荐、主题推荐、热点推荐等，从而实现多推荐任务调度，提供更加个性化的服务。

此外，中台系统还能够成为企业的信息触角，通过各类互联网工具如短信、微信、企业微信等，将企业信息或者宣传活动及时传达给用户。

/ 第三章 /

平台的号召力来自流量

> 与时俱进是传统企业唯一的出路,只有淘汰过去的自己,才能迎接新的挑战。

在社会大变革和经济环境的深刻影响下,我国各行各业的商业模式调整迫在眉睫,中小企业首当其冲。

目前,整个行业已经进入买方市场时代,市场的内在逻辑发生了根本性的变化,只有通过创新成为领导者,才能继续生存和发展。从跟随者到领导者,这是所有中小企业需要跨越的一个门槛。

那么中小企业就没有出路了吗?显然不是。任何一个成熟的行业都需要一个相对平衡的生态,包括领先的大企业和领先的品牌,以及大量的中小企业,甚至小微企业。这些企业能够生存和发展的逻辑在于适应市场需求的多样化,市场是由人们的消费构成的,而在当下平台商业模式正当其道,不仅仅改变了人们的生活习惯,也改变了我们的商业模式。

平台是经济发展的引擎,所有的机会和挑战都隐藏在平台经济中。而所谓平台经济则是"以新型基础设施为基础，以技术创新、商业模式创新为驱动，基于互联网平台，通过资源共享模式，实现产业跨界融合、业态创新等的一种新型经济"。

在平台经济发展的早期，电商平台首先是直接面向终端消费者的。电子商务缩短了生产者和消费者的距离，减少了中间商部分，能够大大降低商品的价格，让利给消费者。同时，平台也打破了以往信息不对称的局面，消费者能够直接通过平台和无数的商家进行沟通，自行对比产品的价格和质量。

与其他国家相比，我国发展平台具有许多独特的优势。比如基础设施服务完善、网民基数大、产业融合程度深、创新创业企业数量多等。

可以这么说，经济发展到现在这个阶段，人们的日常生活已经离不开互联网，更离不开基于互联网搭建的平台，这也就意味着，在未来的商业发展中，平台强大的号召力能够帮助我们更好地挖掘商业机会，带领企业走向更好的未来。

在我们看来，平台的号召力主要在于其无可估量的流量价值、大数据背后所承载的价值，以及帮助我们打造更好的服务和产品，等等。

一、平台流量的主要来源

有些人说平台时代就是流量时代，这种说法虽不全面，但也不无道理。毕竟流量是平台运作的核心，业务代表着用户的数量，有用户才有业务。

具有流量的企业，能够凭借流量形成的数据和流量变现带来巨大的财富，此外，还可以通过构建深度学习算法，迅速转变为高科技的智能公司。在积累了巨大的流量之后，企业就可以利用这些数据来做与人工智能相关的业务，甚至向AI行业转型。而没有流量的企业，因为缺乏大数据的基础支撑，就无法进行大规模信息化建设。

流量是平台运营的核心，那么流量来自哪里？引流根本的核心是要做好入口规划：线上和线下联动，全渠道布局，实现流量交互。在互联网、移动互联网时代，平台的流量入口变得非常多元化，如程序购买、场景入口、设备入口等，只要设计得当，规划的入口通畅，平台就能以合理的成本实现快速的流量增长。

一般而言，平台流量至少可以从以下五个主要渠道获得。

1. 付费购买

付费购买流量是指企业通过付费的形式在平台上投放广告位或做SEO（Search Engine Optimization，即搜索引擎优化）推广等，一般是按点击量付费，即购买流量。这种投放形式不受时间和区域的限制，预算分配也更为灵活。此外，还能够准确定位目标人群，提高广告投放效率，降低人力谈判成本和浪费成本。

现在提供付费购买服务的企业一般都是已经拥有巨大流量的平台，比如腾讯、百度等。就拿百度来说，作为中国最大的搜索平台，拥有中国最大的流量，许多企业或平台想要获得大量的流量，必然是无法绕开这个渠道。百度程序化购买模式以百度关键词竞价模式为主，在百度平台上开账号，设置与平台业务相关的关键词，以实时竞价模式排名，一般是出价越高排名越靠前，排名越靠前竞争者越多，关键字越精确竞争激烈程度就越高，所需支付的程序购买成本也越高，因此要针对广泛性流量和精确性用户，制定不同的关键词策略和竞价策略。

举例来说，新浪也在这两年推出了程序购买服务，在这个平台上不再采用关键词策略，而是采用广告位组合策略。通过先前的广告渠道，想要在新浪首页购买广告位，价格十分昂贵。但通过程序化购买，可以有机会在新浪首页免费展示，或者在其他一些比较好的广告位展示，同样是网友点击你的广告才会产生费用。

而对于大部分企业来说，在推广前期都需要通过购买流量来获得原始用户积累，打开品牌知名度。此外，在企业发展的某些重要阶段，比如新品上市、大型宣传活动等，也需要通过付费购买流量协助推广。通过付费推广，可以把流量导向至自己的平台上，实现平台流量的大幅提升。

2. 场景入口

在互联网、移动互联网时代，消费者对相关场景的需求成为新的入口，可能是乘车场景、办公大楼电梯场景，也可能是朋友聚会的场景、睡眠的场景等，无论什么场合，所有围绕体验的场景都可以定义为新内容，新的消费和购买动机也就形成了。如果场景具有足够的内容价值，它就会形成一种渗透力，在社区中完成一次引爆式的流行。这种流行的特性使得基于场景的应用成为流量入口，并转化为流量。

场景入口的引流重点在于为用户创造卓越的体验，比如，微信红包本身就是借助场景气氛的影响，重新定义红包的场景，应用微信摇红包等场景，只要有一台手机，就能给朋友发送或者收到朋友发来的红包。在未来，基于用户体验的场景化变革是一种趋势，通过QR码（二维条码的一种）植入、服务植入、产品植入、创意植入等方式，它将成为平台流量的重要入口，同时还有更大的可规划空间。

3. 社会平台的引荐

社会平台流量大，引流效果相对会比较好。因为社交平台的用户一般都比较活跃，每个人的关系链中可能会出现数个社区圈，通过人与人之间的联系、人与人之间的社交网络，更容易形成病毒式传播，因此社交平台上发起的社交活动更容易引起众多网友的好奇和关注。

与方案购买、场景入口计划相比，社交平台的引流成本较低，只要在各个社区找到意见领袖，或创造高感染力的互联网内容，就有机会突破网络效应引爆点，实现大规模引流。

4. 门店的引流

商店提供真实的产品体验服务、顾客服务、增值服务等，一般到店的顾客都是消费者。商店作为一个输出窗口，同时也是一个引导窗口，消费者在商店里看到和体验有限的产品和服务，更多的产品选择和服务可以在网络平台上展示，而通过QR码或App等工具可以将消费者引流到网络平台。

许多传统企业，如家居建材企业等，拥有大量的经销代理商，至今仍是其主要盈利来源。现在，有许多平台，如齐家网，都不惜斥巨资在全国布局线下体验店，为的就是进一步提高平台转化率与平台流量。

5. 打开和连接不同平台

当前，出现了很多新的平台，每一个都有自己的流量。之前它们比较独立，现在在共享经济下合作共赢，越来越多的平台在寻求合作，分享流量。

比如，几年之前，阿里巴巴与苏宁就达成了全面战略合作，阿里巴巴投入约283亿元，成为苏宁云商的第二大股东，同时苏宁云商认购了阿里巴巴的新股。两大电商的合作，不仅出于线上和线下融合的大趋势，也源于双方优势流量资源的互补与共享。很明显，开放和连接不同平台，将实现流量共享所带来的流量激增。不过，就目前来说，一般是同等水平的平台之间愿意开放连接，大平台与小平台之间的开放性连接程度并不高，另一方面，在平台争霸的过程中，平台之间的敌对状态也使得开放连接不易。

综上所述，在互联网经济时代，人们的每一个日常接触点都可以成为流量入口，比如手机、电脑、线下实体门店、电商平台、社交平台、社交平台、社交媒体等。面对日益多样化的流量入口，企业在把握全渠道入口的经济发展趋势的问题上，要具有前瞻性，计划好全渠道入口运作，打通平台流量的入口，实现平台与用户无时间、无空间、无地域限制的交流与互动。此外，也可以请咨询公司来协助规划。

二、数据赋能企业服务

平台能够将所获得的流量,即大量的客户信息数据、产品数据、市场数据进行分析,如果中间没有一个系统的东西来对这些数据进行全面的分析,那么这些数据也只是一堆毫无价值的数字。

那么,大数据对企业经营来讲有什么意义?下面,我们就简单介绍一下大数据在企业运营中的作用。

1. 大数据可以有机地连接客户、用户和产品

利用大数据分析技术,企业可以将客户、用户和产品有机地串联起来,对用户的产品偏好,对客户的关系偏好进行个性化定位,生产用户驱动型产品,提供客户导向型服务。

在数据技术方面,以数据为导向的企业成长,就不再只是一个口号。根据百度一位高管的说法,从数据挖掘的角度来看,百度公司每天分析60亿次的搜索请求数据,可以发现检索特定品牌的受众行为特征,进而反馈到企业品牌、产品研发部门,从而更准确地了解目标用户,并推出与其相关的产品。

利用大数据,不仅可以从数据中挖掘出与企业发展环境相适应的社会和商业形态,还可以利用数据对用户和客户对待产品的态度,进行深入的挖掘和洞察,准确地发现并解读用户和客户的诸多新需求和行为特征,这将会颠覆传统企业在用户研究过程中对产品的态度。

2. 大数据可以精确定位企业资源

利用大数据技术,可以实现企业对所需资源的精确定位。在经营

过程中，每一种资源的挖掘方式、具体情况以及储量的分配等，企业都能加以收集、分析，形成以企业为基础的资源分布可视图，就像"电子地图"一样，将原来只是虚拟存在的各种优势点进行"点对点"的数据化、图象化，使企业能够更好地利用各种资源。如果缺乏大数据，人们就很难在一度被视为无关系网的行为之间找到联系。就像国外媒体曾提到的"啤酒"和"尿片"之间的关联营销一样，商场通过统计消费者购买数据发现，去购买尿片的家长大部分都有买啤酒的需求，就把这两者看似毫不相干的商品摆放在了一起，这就是大数据的作用。

3. 大数据是促进企业运作的一个利器

过去企业的品牌做市场预测，大多是依靠自己的资源、公共关系以及过去的案例进行分析判断，得出的结论也往往模糊不清，很少得到各自行业的足够重视。利用大数据的相关性分析，根据不同品牌市场数据的交叉、重合，可以使企业的经营方向更加直观和容易识别，在品牌推广、区位选择、战略规划等方面将更加自信地面对。

通过大数据，可以分析判断客户话题各种来源的比例，确定用户上网习惯，以及信息的主题、相关媒体平台的曝光量，然后企业就可有针对性地选择和制定营销活动平台、推广方向等，提升企业的运营效果。

4. 大数据帮助企业提供服务

利用社交信息数据、用户交互数据等大数据计算，可以帮助企业进行品牌信息的水平化设计和碎片化传播。

在这一大变革的背景下，对于信息的微小流动，企业都必须予以重视，而且客户服务也需要像空气一样分散在细节中。在社会媒体上，企业可以借助大量公开的数据，通过大数据信息的交叉验证技术，分析数据内容间的关联度等，从而为社会化用户提供精细化服务，提供更多的便利，产生更大的价值。

5. 大数据增强企业公共关系能力

由于互联网的高度发达，舆论危机的爆发和传播都非常快，而几乎每一家企业都具有潜在的质量、安全、经济等方面的问题，一旦企业陷入舆论危机，危机效应就会在瞬间爆发，并以最快的速度在网络上传播开来，给企业的商誉带来严重的影响，而大数据能够通过数据挖掘和语义分析等技术，以电话、短信、App、微信、邮件等方式第一时间将危害企业品牌的信息告知企业。

那么，企业如何通过平台获得大数据呢？除自行建立数据平台外，更多的企业是通过与运营商合作，获得大数据。企业的数据毕竟是资源，也是一种"商品"，完全可以以市场的方式流通。情报机构、咨询机构经营类似业务的市场由来已久，不管是对商业协议规则，还是对相关法规的理解和应用都已经比较完善，它们构建大数据流通平台具有先天优势。

在掌握并应用运营商大数据的基础上，大中型和微型企业还能对自己的大数据进行管理和使用，使企业的顾客获得、客户满意度的转换率和销售转化率进一步提高。

如今消费者的需求和过去相比已经产生了巨大的变化，比如过去只要求产品的质量，而现在消费者除了更关注产品的品质和个性化以外，还要求更好的购物体验。这也就意味着，企业只有通过打造更好的服务和产品，才能赢得消费者的青睐。

比如，当消费者在网上购物时，首先会遇到支付问题和信任问题。为此，当淘宝网成立数月后，阿里巴巴就马不停蹄地正式推出支付宝平台，目的就是给它的客户——买家和卖家提供更好的服务。2005年，淘宝网又推出了消费者保障平台，解决了小卖主和买主之间最大的障碍，即卖家在买主确认收货后收到货款。称为阿里旺旺的买方与卖方的沟通工具，也是该平台为买家提供的交易服务工具，让消费者在下单前可以进行查询。

而随着网上购物的成熟，购买品牌也开始成为主流。2007年融资后，京东得以高速发展，并成为大型电商平台的两大巨头之一，同时它还抓住机会提供"更好的服务"：正品行货和自建物流平台。京东强调正品行货，用亏损换规模，以非常快的速度获得了足够多的用户。

在我国的网络零售业中，大力投资物流配送和提供更好的自有配送服务是京东首创，京东在仓储自动化技术、仓储设施、供应链物流、"最后一公里"配送等方面投入巨大，它的自建型物流系统至今仍然是其最大的竞争优势之一。如今，像亚马逊一样，它对入驻的商家和第三方商家都开放其供应链物流系统。

由此可见，平台的产生能够帮助商家打造更好的服务和产品。

/ 第四章 /

平台转型的决策

> 企业管理的核心是决策,一系列决策组成管理,管理就是决策。

世界著名咨询公司兰德公司进行的一项调查显示,世界上每100家破产的大型企业中,就有85家是由于企业管理者决策不慎造成的。

"管理就是决策",这句话是经济组织决策管理大师、诺贝尔经济学奖得主赫伯特·西蒙的决策理论的核心概念。从赫伯特·西蒙的理论来看,在现代企业管理中,领导者的理性决策是决定企业兴衰的关键。对于中小企业的领导者而言,更是如此。

每一个企业的正常运作都离不开决策,经营环境每天都在变化,对于企业来说,它必须是"不断的痛苦,变化的通行证"。在大多数企业寻求变革的过程中,领导者往往需要处理各种各样的问题,所谓"运筹帷幄之中,决胜千里之外"就表明了思考和决策的重要性。

决策主要考察的是领导者的勇气和能力,企业或事业未来的竞争焦点也是领导者决策能力的竞争,决策能力是领导者知识结构、思维方式和判断能力的综合表现。

高级领导需要对中短期目标或计划做出决策，中低级别领导还需要对各种具体的执行者计划、流程等事项做出决策。对于企业的高层领导来说，他们的决策对整个企业更为重要，尤其是涉及公司未来发展方向和企业改革的重大决策，往往决定着企业未来的成败。

而在所有决策之中，决定企业的发展方向尤为重要。因为选择比努力更重要，只有选对了方向，企业才能走上正确的道路。

企业选择什么样的战略，决定着企业未来的发展方向。对于企业来说，战略不仅是一种选择，更是一种定位；它既是一个方向，也是一种文化。

从企业的不同层次和角度来看，战略具有不同的特征和作用。然而，从财务管理的角度来看，战略的核心就是选择和定位。如果一个企业不能很好地把握这两者，那么它未来的发展必定充满困难。因此，在这个时代，企业间竞争的桥头堡不是建立在产品层面，也不是建立在服务层面，而是建立在战略层面。

不少企业认为战略是一个过程，通过既定的过程，战略可以自然产生。这不仅是一个错误的想法，也是许多企业容易产生的错觉。在当前的商业环境下，企业战略尤为重要。现代企业战略的核心是多维度的动态平衡：既要有长远的眼光，又要能把握眼前的战略战术；不仅需要对自己的能力有深入的了解，也需要对竞争对手有全面的了解。

在互联网发达的今天，平台使人与人之间的联系更加方便，信息更加透明，各行各业的竞争更加激烈。平台为我们带来的不仅仅是生活上的巨变，更重要的是为商业世界带来的改革。它是社会生活的连接器，同时也就代表着未来几乎所有的商业活动都会围绕着平台进行，意味着未来的商业模式都离不开平台。

因此，现在企业最重要的决策之一，就是要选择好平台转型的方向。那么平台转型该往哪里走，平台转型又要满足什么条件呢？

一、如何确定平台转型方向

平台在转型的过程中，必须找准自己的定位。不少企业为了尽快躲过业务寒冬，匆匆忙忙转型，转来转去，转得自己都晕晕乎乎的，却找不到自己应有的方向。

大家要记住，如果不能站在未来的某一个点上系统性地制定战略和战术，是注定要失败的。建议参考以下几种方法来确定平台转型的方向。

1. 弯曲价值链，对接供需双方的源头

在平台转型的过程中，我们需要消除信息障碍，减少服务瓶颈，消除那些成本过高的障碍。消除信息屏蔽的中间过程，可以使信息的传输更加透明和高效。

在许多传统行业，价值链是漫长的，因为许多流程的参与者都是通过垄断信息和"欺上瞒下"来赚钱。例如，在传统的家政行业，中介机构不会主动将家政服务人员的所有信息提供给雇主进行筛选，因此信息不透明，使得虚假的高溢价和高价格存在巨大的空间。而无忧保姆等家政服务平台的出现，使家政服务人员能够直接与雇主联系，

雇主可以通过移动应用程序浏览所有服务人员的信息、服务资格和优势。相对而言，价格更加透明，提高了雇主和家政服务人员之间的匹配效率。

此外，在某些行业，由于历史沉淀的原因，存在着很多不必要的业务流程，因为缺乏竞争的关系等原因没有得到有效的解决，最终变成产业创新的瓶颈。而平台的出现，就是利用新技术以及新思路，打破这些历史遗留下来的价值链条瓶颈，使得服务流程更为高效。

2. 调动各方资源参与

在平台转型的过程中，还可以调动更多资源供应方的积极性，解放生产力，吸引广泛群体的参与。

以出行为例，过去的出行工具主要是地铁、公交、出租车等形式，但是这些服务耗时过长，体验也不佳。在这种状况之下，更舒适的出行模式应运而生了，比如滴滴、曹操专车等平台，不仅盘活了车辆，还给消费者提供了更优质的服务。

这些平台连接着"有实用汽车需求的乘客"和"有司机的汽车租赁公司"这两类人，同时通过大量用户的聚集实现规模效应。此外，这类平台还为乘客提供了许多机制来评估司机的服务质量。如果司机想收到更多的订单，他们就必须为乘客提供更好的服务。因此，平台调动了司机的积极性，解放了生产力，提高了整体服务水平。

3. 协同上下游伙伴

在平台转型过程中，各方的合作不仅可以跨越国界，还可以跨越产业边界，形成跨境协同、共赢的结果。通过与上下游产业的朋友合作，共同推动产业升级，搭建新的生态平台，不仅仅是直接连接供需双方，同时也希望通过机制连接整个产业链的上下游，探索上下游联动的价值。与消除所有中间流程以连接产业链最末端的供需侧相比，这种转型方式的应用范围更广，即创造一个连接整个产业链上下游的创新生态环境。

许多传统行业的企业也通过这种转型方向，最终为行业创造了更大的价值。比如通过上下游联动，制定行业规则，促进产业升级，一些企业从运营商转变为向行业输出技术、培训和管理方法的平台企业，一些企业通过自身的主导作用，引领行业上下游向市场提供一站式服务。

二、平台转型的必要条件

平台经济是产业经济学的重要组成与分支，它颠覆了国民经济中重要的产业类目，并且，平台的存在是广泛的，它们在现代经济系统中具有越来越显著的重要性，未来必会成为引领新时代经济的主要模式。

但是，平台战略也是最难成功的战略，需要满足以下条件：企业需要积累大规模用户的能力；企业需要提供对用户有很大黏性的服务；企业需要合作共赢的商业模式，先分享后合作。

业务是基于各种利益关系的，与客户的关系是"价格"，与供应商的关系是"交易条件"，与员工的关系是"工资"，与股东的关系是"股息"。如果你盲目迎合这些利益相关者，公司很快就会破产。因此，只有将客户仍然想要购买的客户价值（即使价格稍高）放在一边，建立一个员工仍然渴望在这里工作的公司，不管薪水如何，提供一份让员工更满意的工作，赢得供应商的信任，让他们对未来职业发展充满期待，并在双方认可的供应条件下进行交易，参与这一环的所有利益相关者才可以共同发展。

1. 建立开放共赢的平台

对于所有企业来说，互联网平台最大的优势就是没有边界。与实际操作相比，其边际成本几乎为零。从理论上来讲，一个电子商务平台几乎可以在没有太高成本的情况下推出无限数量的商品。例如，宝马正在组建一支车队，提供多样化的服务，最大限度地提高每辆车的收入，不仅要追随优步，还要超越优步。它可以派遣专业司机车队中的车辆，提供出租车服务，或提供按小时收费的短期租车服务。此外，还可根据需要提供客运或包裹递送服务。

在平台时代，平台运营商应该改变以往的心态，具有互惠精神——平台上的客户和企业网络共同创造价值和利益。对于许多企业来说，最困难的变化是将竞争对手整合到自己的价值链中，并与竞争对手一起受益。到目前为止，平台建设者和部署平台的平台运营商之间的最大区别在于他们对竞争对手的态度，平台运营商比联合竞争对手的平台制造商多了37%。

2. 参与并共同运营平台

平台运营商并非孤军奋战。与宝马类似，更多传统企业选择联合运营平台。例如，加拿大的6家大型银行已经在区块链平台上建立了数字认证服务，每家银行提供必须保留的客户身份属性，以遵守"了解您的客户"法规，客户可以在新的服务实体（如公用事业公司或业主）中验证其身份。银行向参与平台的供应商收取交易费用；供应商在与新客户打交道时可以节省时间和成本；客户可以通过移动应用程序轻松完成操作。与上述银行一样，平台运营商不仅允许竞争对手参与其平台，还可以投资促进彼此的发展。

大多数平台运营商也放弃了一定程度的客户控制，邀请客户参与评估或共同创造新产品和服务。与平台建设者相比，与客户合作创造新产品和服务的平台运营商增加了30%，将客户反馈纳入设计和规划过程的平台运营商增加了22%。允许客户对所生产的商品和服务发表评论，可以激励他们对平台保持忠诚。

参与平台不仅可以获得新客户，还可以享受网络效应。然而，作为交换，参与者必须调整思维，实现双赢，满足平台运营商的高标准。例如，平台运营商擅长创造个性化的客户体验，参与者不得允许"痛点"或"断开连接"破坏创造无缝体验的目标。随着平台模式的快速发展，各行各业都会感受到所谓亚马逊效应——无限发展和市场颠覆。在此之前，企业迫切需要做的只有一个选择，即拥有或参与一个或多个平台。

第五章

平台的产业本土化

> 创新是唯一的出路,如果不淘汰过去,就会被未来所淘汰。

在新零售的打击之下,大部分实体企业经营困难,无论是工业制造业还是连锁企业、加盟企业等,都面临着一个巨大的挑战。

究其原因,就是因为它们没有跟上新时代的脚步,创新企业经营模式。比如连锁药店、美容、餐饮、商超、家居这类典型的线下传统零售业,它们在经营上还相对传统,其内部管理还是原有的企业管理模式,对外还是传统的销售形式,只是通过打折促销等来吸引消费者。相对比较"先进"的,也只不过是通过和第三方平台合作,比如美团、大众点评网等,也就是说,现在大部分传统行业都只是借助他人的平台来进行线上零售活动。

这是很危险的,也并非长久之计。未来的商业趋势,一定是朝着平台化发展,并且是朝着具有独特性、本土性的产业本土化平台发展的。

谁能快速跟上时代的脚步，谁就会赢得未来的商业生存空间。根据互联网数据库的分析显示，本地生活服务平台行业整体的市场规模已近八千多亿元。这意味着，本土化平台将大有作为，也将成为未来企业平台化的主要趋势。

对于某些高频刚需业务，企业商家可以通过数智化以及新零售的模式进行升级改造，以便在市场上抢夺更大的份额，提高市场竞争力。比如传统的菜市场，建立线上生鲜平台之后，就能够通过大数据获取用户画像，了解本地各个区域，乃至具体到某个小区的顾客日常需求，然后借助这些数据，就能够提前了解市场趋势，做好市场预判以及未来的经营决策。又比如平台的会员管理系统，可以更好地与顾客产生连接、锁客、交流互动复购等。再比如现代化的店铺管理系统，可以更准确高效地管理门店，管理各门店的员工，提高工作效率，等等。

此外，数智化升级服务机构通过与各企业共同构建生态平台，可以把本地资源有效地集中起来，让各企业互相分享资源，同时以更低的成本进行营销活动，比如本地特色商家商品的拼团业务等。

这就是产业本地化平台的优势所在。

一、打造产业本土化平台

那么，具体什么是产业本土化平台呢？

所谓产业本土化平台，是指企业数智化升级服务机构与企业共同构建生态平台，或者帮助企业去做自己产业的本地平台，构建企业自己的私域，企业数智化升级服务机构在过程中提供技术及服务。

但是，产业本土化平台并非是指企业都要加入已有的互联网平台，它的核心是指借助企业自身的实力和资源，通过数智化的形式，以及数据中台、业务中台、本地平台的打造和运用，完成企业的升级，让自己的生意在自己本地做大做强。比如前面提到的生鲜平台，如果和类似淘宝、亚马逊等全局平台合作，就很容易失败，为什么呢？

因为这些全局平台没有"本地化基因"，不能根据不同城市或区域的人群按需分配，无法满足用户需求，就等于无法获取稳定的货源。例如，生鲜类的产品最讲究新鲜和口味，物流时间过长，会降低产品的质量，而非本地农场供货，也会提高物流成本。

概括来说，产业本地化平台就是在企业原有的本地资源和优势的基础上，通过打造或叠加数智化平台的力量，搭建一个属于自己的平台，更好地发挥出其自身优势。

企业要想生存和改变，除了要建立自己的运营团队以外，更重要的是要与优质的企业数智化升级服务机构合作。经验丰富的服务机构能够为企业提供运营支持，比如为合作伙伴提供完整的运营方案和可复制的成功案例，从而大大降低合作伙伴的运营风险。此外，还能帮助企业对原有的运营人员进行培训和提升，以及协助企业代运营一部分业务，辅助合作伙伴快速成功落地。而当企业数智化升级之后，借助大数据、人工智能等创新技术，企业经营和管理等的效率也会大大提高。

为什么实体企业转型要趋向本土化，而不是在全国各区域"打江山"呢？

平台 战略

1. 全局化市场与本土化不同步

由于全国各区域的产品存在一定的差异，要打造全国化的大单品并非易事。此外，线上平台进行营销活动需要在线下提货、导流、兑券等同步动作，在全国落地较难，而且实体店的开发大部分都依赖本地经销商、厂商联营体。

2. 本土化平台运营难度较低

全局性平台不仅搭建成本过大，而且运营难度很高，运营磨合及市场布局时间也过长。因此，有些实体企业开发了几年的全国性产业平台，始终处于虚拟运转状态，无法实现落地，原因也在于此。

3. 全局化无法调动本土分销商和厂方人员的积极性

全局化的经营战略和运营策略不一定适用于本地市场，而且企业也需要借助当地分销商创建一定数量的实体店。此外，全局化的平台产出滞后，大部分本土市场人员只关注本地实体店的销量，不会去管平台的流量如何。

未来，实体企业虽然都面临着平台化转型，但还是需要通过实体店实现流量闭环。为什么这么说呢？有以下几个原因。

（1）本土化的实体店存在很大的流量。对于一些当地居民耳熟能详的企业来说，90%的成交都是在实体店产生的，也就是说，实体店本身就带有一定的基础流量。即便我们通过平台在线上引流，对于在本地随处可见的品牌来说，线下购物还是具有一定的便利性的。

（2）实体店能让流量变为私域。在线上平台下单，通过线下实体店提货，能让流量落地形成闭环。通过平台的便利性吸引用户，提高用户黏性，用户就会渐渐习惯这种新零售模式。而平台有了用户数据之后，就能够与消费者进行沟通，精准推送，从而锁定流量。

综上所述，如果想打造产业本地化平台，就需要通过企业"自身资源＋创新技术＋运营方法"来实现。而这其中，最重要的是创新技术和运营方法，企业只有与优势的服务机构进行合作，才能事半功倍。

二、数智化引领创新驱动

什么是数智化？所谓数智化是指数字化加智能化，通过数据的收集，实现先进的智能技术，为企业创新和发展提供科技支撑。数智化转型，则是向这样一个目标努力的过程，也是当今企业实现未来持续升级发展必要的战略规划之一。

我们要知道，数据是平台经济发展的生命源泉，没有数据什么都是空谈，而产业本土化平台的核心就是数智化。

近年来，在购物、餐饮等领域，不少商场或企业都借助数智化实现了新零售转型，而全场景的高度数字化、全链条的数智化发展，不仅满足了消费者日益增长的购物需求，而且为商家提供了科学的运营指导。

建设数智化平台以后，企业就能够根据自身数据、商业数据、社会数据等，圈选出潜在的消费群体，同时通过用户的点击浏览行为数据、电商交易数据等，进行精准营销。对用户实行从"认知"到"兴趣筛选"，再到完成转化，以及复购全过程的精细化洞察。

平台 战略

　　大数据、智能化的精准投放，能够大大降低营销成本和提高投放精准度，尤其是人工智能，可以根据大数据挖掘出消费者的购物习惯、购物能力、购物层次等。

　　总的来说，数智化的产业本土化平台，能够借助大数据、人工智能、大数据等创新技术，帮助企业挖掘用户的深度数据，为企业开发创新运营模式提供技术支撑。

第四部分

千亿公司做平台，万亿公司做生态

学会将竞争对手化敌为友，
能够给企业发展带来不可估量的好处。

第四部分　千亿公司做平台，万亿公司做生态

在这个世界上，为什么许多有才华的人，既聪明又勤奋，却还没有成功，相反，一些看起来平庸、外表不出众、知识和能力一般的人却成功了？

这是因为，小的成功取决于个人，大的成功取决于团队，恃才傲物的人看不起别人，拒绝与别人合作。人越有能力，就越能主动帮助别人，越知道如何在别人的帮助下成就自己。

1%的团队努力往往比100%的个人努力要好。一个人的成功不是因为你比别人优秀，而是因为你懂得别人、信任别人、理解别人、帮助别人、成就别人，你更懂得与人合作。老板不一定是这个企业的专家，但他应该是企业中最懂得利用专家的人；老板可能没有资源，但他知道如何最好地整合资源。

著名企业家洛克菲勒曾说，"在那些妄自尊大的人看来，合作或许是一件软弱或可耻的事情，但在我看来，只要对我有利，合作永远是明智的选择。……如果说不是上帝成就了我今天这番伟大的事业，那么我很愿意将其归功于三种力量的支持：第一种力量就是按规则行事，它足以让企业保持永续经营；第二种力量来自残酷无情的竞争，它会让每次竞争更趋完美；第三种力量则来自合作，它可以让我在合作中获取利益。我之所以能胜过竞争者，就是因为我善于走捷径——那就是善于与人合作。你可以看到在我创造财富之旅的每一站都有与人合作的站牌。因为自从我步入社会的那一天起，我就知道，在任何

时候、任何地方，只要有竞争存在，任何人都不可能孤军奋战，除非他不想在这世界上活下去。聪明人会与包括竞争对手在内的其他人形成合作关系，借助别人的力量，使自己存在下去，或变得强大起来。"

纵观平台时代下的成功企业，大部分领导者都有谋有略，他们有定力、有战略，并找准时机去做，也认识自己，知道自己要什么。他们知道自己的"边界"所在，哪些是需要自己去领头的，哪些又是需要合作伙伴去做的。

成功的关键除了知道自己是谁，你能做什么、不能做什么以外，还要懂得合理地分工。不少企业虽然也喊出了转型的口号，但也仅仅是口号而已，并没有在实质上有所举措。

俗话说"火车跑得快，全靠车头带"，企业家必须坚守自己的方向，在实际行动中迈开转型的步伐，要是方向错了，又怎能到达想去的地方？

要想成功转型，就要保证自己不能因为利欲熏心而跑错了方向，也不能贪图捷径，当然，更重要的是要明确与合作伙伴之间的"边界"。

第四部分 千亿公司做平台，万亿公司做生态

/ 第一章 /
平台经济的合作界限

> 平台的本质是连接，而不是垄断。

一、平台经济的合作原则

在移动互联网时代，商业模式再次成为热点，它与产品和运营形成了互联网企业的三大利器。特别是当企业发展到一定的用户规模，需要商业化变现时，商业模式已经成为企业实现快速发展的加速器。

平台企业的兴起对当今商业世界产生了广泛的影响，其主要特点之一是促进其他企业创造更多价值，而不仅仅是在企业内部。因此，平台企业的规模可以在全球范围内迅速扩大。如果说平台企业是一个"港湾"，那么对于其他企业来说，在这个"港湾"中，它们可以发挥比自己更大的生命力，比独自在动荡的开放市场中徘徊能够得到更多的保护。

但是，就像其他商业模式一样，平台这种商业模式也并非完美无缺。在平台时代，由于各种规模的企业都想要分享，可能就会违反平

台的公平和完整性原则。因此，在搭建平台的过程中，我们应该注意以下几点。

1. 平台经济战略应基于公平竞争原则

（1）避免平台垄断。

垄断协议和滥用市场支配地位是基本的垄断行为。一些平台实施"二取一"和独占市场战略，甚至在平台上封锁竞争对手的产品，这是一种明显的平台垄断，阻碍了平台经济的创新发展。

（2）避免数据垄断。

平台依赖数据资源的流动，提高商户的进入门槛和佣金，实施差异化垄断战略，也违反了公平竞争原则。为了创造公平竞争的环境，需要防止和阻止平台经济垄断的蔓延。

2. 平台经济战略要遵守诚实守信原则

信用是平台经济竞争的关键。平台竞争应注重诚信，但现实中存在许多诚信缺失现象，如共享平台的用户信息安全、网购平台的假冒伪劣商品、搜索平台的信息真实性等，其背后都隐藏着诚信的短板。几乎所有平台都会涉及消费者隐私保护、知识产权保护、金融交易监管等。

要避免以上这些弊端，除了国家要出台相关的政策，进一步完善电子商务、网上租车、网上住宿服务、网上新闻、网上教育、网上医疗等领域的法律法规以外，我们企业能做的，就是守住平台建立的初衷，为平台经济的健康发展贡献一份自己的力量。

二、关于合作伙伴的选择

在传统企业转型过程中,除了充分发挥自身核心优势,打造平台核心竞争力外,还需要判断如何引入合作伙伴和参与者。

合作伙伴指的是平台上不开放的"开放方",需要平台方仔细选择,如支付宝将基金业务移交给Celestica基金。参与者处于平台上的开放"边缘",平台不会对这些参与者进行深度筛选,而是鼓励参与者独立加入平台,形成生态系统和规模效应,如淘宝上的各种卖家。

在这里,我们主要介绍如何筛选平台的合作伙伴,以及如何将服务和责任委托给合作伙伴。为了平台的发展,平台上的一些职责和工作必须移交给外部合作伙伴。在判断哪些事务应该移交时,需要遵循两个标准:专业效率和交易成本之间的权衡、价值创造和价值获取之间的平衡。

所谓专业效率,是指制造商通过规模经济效应或学习曲线,对某些活动进行专业化运作,以提供比其他非专业制造商更多的高质量、低成本的产品或服务。这意味着当平台遇到自己的非专业工作,无法达到低成本运营或高质量输出的效果时,应外包给合作伙伴进行生产运营。

然而,交易成本的观点则认为,如果产品或服务由两个独立的组织分别生产,并通过面向市场的交易进行整合,那么,当搜索成本、监管质量成本、违反合同的机会成本,以及交易过程中可能产生的利益分配协商成本等交易成本过高时,平台应将这些活动内部化并自行完成。

换句话来说就是,平台的边界取决于专业化分工带来的效率和独立组织之间的交易成本之间的权衡。

因此,如果平台能够找到专业的合作伙伴,并且平台与合作者的理念一致、沟通顺畅,就是最佳选择。

那么,如何理解价值创造和价值获取之间的平衡呢?可以先看下面的案例。

蚂蚁金服在建设金融平台时,早期并没有建立自己的阿里巴巴金融团队。尽管阿里巴巴拥有大量的资金和人才储备,但它仍然选择与中国建设银行、天鸿基金等金融机构合作,将新的金融业务移交给更专业的单位,并与这些合作伙伴保持紧密的沟通与合作。

此外,2015年,蚂蚁金服开始进入当地生活的O2O领域,与数智化平台合作建立属于自己的服务平台。开发了各类生活服务功能,比如我们熟识的支付宝、余额宝、蚂蚁花呗、保险商城、出境服务、彩票服务、蚂蚁森林、快递查询、医疗健康、车主服务、蚂蚁微客等,几乎生活中所有的服务,用户都可以通过支付宝轻松地找到。而支撑这些功能的背后,是强大的技术以及数据。

到如今,支付宝已经成为大部分消费者进入和使用本地生活服务功能的主要入口之一。而蚂蚁金服当年选择建立自己的服务平台,背后的考虑可能是因为其他本地生活平台如大众点评、美团等,也正在开发属于自己的支付系统。为了保证自身的长期竞争优势和长远获益的可能性,它必须积极地从支付平台跳跃到各种应用场景,培养自己的用户。

然而,这一举措也导致了蚂蚁金服与本地生活平台在同一城市的直接竞争或不合作。蚂蚁金服最初概述的大金融生态系统的整合过程(以信贷、技术和大数据为工具,以投融资、贷款、支付、农村地区

第四部分　千亿公司做平台，万亿公司做生态

和国际化为应用场景）可能会受到影响。当平台与各方大型专业平台竞争时，可能会收集到自己的小数据，但也会失去合作关系下可以获得的整个市场的行为大数据，从而减缓构建覆盖整个中国的完整信用体系的发展。

通过以上这个案例我们能够发现，平台在开发过程中强调价值创造或价值获取，将会影响平台当前的战略举措。因此，平台创业者应该时刻考虑自己对平台的长期目标和价值定位，以免在过程中产生偏离。

平台生态为业务合作伙伴提供了支持。一是使其角色定位更加清晰，降低了产业链中各工序的选择成本；二是角色明确后，更具可扩展性，产业链更具灵活性。只有不同的合作伙伴了解角色定位，才能在大小生态系统的嵌套下更好地享受各种制度红利。

大家知道在马拉松比赛中，最令人兴奋的事是什么吗？那就是跑在前面的领跑者要独自承受风的阻力，成为躲在后面的选手的"风衣"。换言之，领导者必须付出更多的成本才能领先，但与此同时，他也成了其他追求者的保护者。

这是一种"合作—竞争—合作"的关系，在互相竞争的同时，也在互相帮助。在漫长的马拉松比赛中，有很长一段时间，实力相近的选手互相帮助，轮流成为别人的领跑者，在前面带队，为别人抵挡风的阻力。可以说，能从开始一直领先跑到终点的人很少，人生旅途上的各种竞赛，无论是学龄阶段的考试，还是职场上的晋升，抑或是自己创业，都很像跑马拉松。而同一场比赛的选手不仅是竞争对手，也是合作伙伴。当你带头时，你就成为保护别人免受风雨的领导者。当别人领先时，你躲在别人后面，可以减少风的阻力，思考突破的方

法。因此，在人生的旅途上没有所谓敌人，甚至是永远与你竞争的竞争者。

可以说，那些总是抢你生意的竞争对手根本不是敌人，而是另一种意义上的朋友。这种朋友能激发你的潜能，逼着你前进，不偷懒，不断进步，并保持适当的前进距离。在某种程度上，他们是最了解你的优点和缺点的人。

有竞争对手是件好事，这不仅是一种激励，也是我们企业发展的动力。但我们不能忽视对手的存在及其对我们构成的威胁。我们需要充分了解我们的竞争对手，利用我们的优势，以保持不败。

此外，把竞争对手发展成合作伙伴，也是当下企业发展必不可少的商业战略之一。在过去，把竞争对手发展成合作伙伴最成功的案例莫过于快餐品牌麦当劳了。

麦当劳最初是自己开的街头汉堡店，它和隔壁的汉堡店竞争，目的是打败竞争对手，把别人的顾客揽到自己手里。后来，麦当劳又想出了另一个办法，它在商业战略的思考中不再考虑盈利，而是花大量的时间与自身竞争，把生产流程和管理流程标准化，同时进行进一步的整合，最终形成一种商业模式。这种商业模式现在被称为特许经营或连锁经营。

通过这种特许经营模式，麦当劳把以前的竞争对手变成了合作伙伴。它花费1亿美元进行生产流程和管理流程的标准化，却仅以100万美元的价格卖给加盟商。现在，它拥有4万多家连锁店，总价值超过400亿美元。它以1亿美元创造了超过400亿美元的价值，这实际上就是网络的价值。

试想一下，如果麦当劳不创新它的商业模式，那么我们现在看到

第四部分 千亿公司做平台，万亿公司做生态

的充其量只是一家大餐厅，它能赚多少钱？很难赚到一亿美元，而麦当劳早已跻身世界 500 强。它通过把竞争对手转变为合作伙伴，将相互破坏的竞争转变为合作共赢，实行专业化、标准化和流程化，降低了成本，提高了质量，消费者也从中受益。

事实上，麦当劳的创新在于用商业模式取代商业战略，从一个低级的小企业转变为大型连锁企业，最终与肯德基等企业共舞，从而提升了整个产业结构。这是一个非常典型的用业务模式替代业务策略的案例。

那么，当下最流行的合作方式是什么呢？

我们在前面提到过一句话，"百亿公司做产品，千亿公司做平台，万亿公司做生态"，企业实施平台战略后，一个成功的平台企业并非简单地为"多边群体"提供渠道和中介服务，它的精髓在于打造一个成长潜能强大的平台生态圈，通过激励"多边群体"互动，形成循环机制，推动群体之间的循环增长。

平台生态圈好比过去宗族之间的联姻关系，通过互相嫁娶，多个宗族之间建立起紧密的联系，一荣俱荣、一损俱损。

只有强强联手，才不至于在残酷的商场中孤立无援。当然，这就和封建婚姻不讲个人意愿，只讲家族利益一样，我们在打造平台生态圈的时候，不能只凭个人偏好来选择合作伙伴，而要看对方的资源能否为我所用，我的资源又是否能给对方带来利益。

平台生态圈就和多方联姻一样，能够通过某个同样的亲家，去连接其他姻亲的资源和人脉，这样，资源和人脉在这个姻亲关系里就能形成一个循环的圆，大家都可以享用它们。在关键的时候，还能依靠各自的地位获得生机。

这就是平台生态圈的意义和存在的价值。

/ 第二章 /

打造平台生态圈的意义

> 如果打不过,那就加入他们。

很多企业家总是把他们的对手当作"敌人",拼命地想要打败他们。然而,你有没有想过,那些所谓对手,其实是我们自己成功的"助手"。

在商业世界中,越来越多的企业家意识到了合作的重要性,选择和竞争对手携手共赢,比如美团与饿了么、携程与去哪儿等。

而当下,加入竞争对手队伍最好的方法就是构建平台生态圈。生态圈一词来源于生物学,指的是一个由各种生命物质与非生命物质组成的开放且复杂的系统。比如地球就是一个生态圈,花、鸟、虫、鱼、山川、树木等相互依存。

1993 年,美国经济学家詹姆士·穆尔(James Moore)首次提出了商业生态系统的概念。所谓商业生态系统,是指以组织和个人(商业世界中的有机体)的相互作用为基础的经济联合体。

商业生态系统中的各种"物种",扮演着不同的职能,各司其职,形成了一个相互依存、共生的生态系统。这个商业生态系统虽然存在着各种利益驱使，但组织与个体之间互惠互利、资源共享。

在自然生态系统中，生物多样性可以增强生态系统的环境适应性，降低生存风险。

而商业生态系统的组织结构更加复杂，成员企业的互补性也更强，因此可以提供更多种类的产品和服务。当政策、技术、用户需求等外部环境发生较大变化时，系统中的各种产品和服务就可以最大限度地相互支持或替代，从而更好地适应新环境，分散竞争风险。

自然生态系统需要从外界获取能量、物质、信息等资源，同样，商业生态系统也需要获得流量、资金、信息等资源。单一企业的竞争优势来自内部价值链的优化和资源能力的积累。与之相比，商业生态系统不仅关注自身的价值链，还对价值网络进行重新定义和优化，从而更好地聚集、整合和利用外部资源。

在自然生态系统中，物质、能量和信息可以有效地传递和循环，许多生命体可以有效地繁殖和生长。在商业生态系统中，也可以产生类似的效果。

一方面，商业生态系统可以有效降低成本：系统内的交易可以大大降低摩擦成本；平台赋权可以降低系统内企业的运营管理成本；更大的用户流量和资金可以支持企业在更多领域进行尝试，降低试错成本。

另一方面，商业生态系统战略可以提高效率：数据的收集和应用可以提高系统中企业的生产效率，例如该生态系统可以通过收集用户的大数据信息并对其进行标签，为生态系统中的其他企业赋权，提高其广告的效率；通过合作，企业可以更加注重自身的核心竞争力，优势互补、相互授权，从而提高资源利用率。

在商业生态系统中，随着成员企业数量的增加，企业可能会进入两个或两个以上相似的利基。适度的竞争对于商业生态系统的健康发展有很多好处，比如筛选出更具竞争优势的企业，促进企业利基分化，使企业从竞争走向互利共生。

在这个商业生态系统中，不仅可以为各类企业、开发者、内容创造者提供价值创造机会，还可以为用户带来更好、更全面的消费体验。同时，商业生态系统强大的品牌价值可以降低新进入者的获客成本，更容易实现规模扩张。

商业生态系统更强调合作共生、互利共赢，所有合作企业共同"做大蛋糕"，形成一个利益共生、相互成长、相互再生的共同体。

由此可见，在平台时代，传统企业要想发展，就必须进入一个商业生态圈。公司应主动承担起创建生态圈的责任，要么自己吸引其他企业加入自己的生态圈中，要么与其他的生态圈融为一体，孤立的企业难以在这种市场环境下生存。大公司的成功，本质上是成气候，是成产业。

接下来，就让我们一起去了解平台生态圈吧。

一、什么是平台生态圈

1993 年，詹姆斯·穆尔首次在《哈佛商业评论》上提出了商业生态系统的概念，即"以相互作用的组织和个体为基础的经济群落，随着时间的推移，他们共同发展自身能力和作用，并倾向于按一个或多个中心企业指引的方向发展自己"。

而平台生态圈，顾名思义，就是指"商业活动的各利益相关者共同建立一个价值平台"。在互联网开放的背景下，这个平台不仅仅是企业与自己的供应商以及消费者共存的一个平台，而且是能够承载更多潜在的供应商以及消费者的平台，甚至是整个行业领头羊的平台，它是以和谐共存为主导，而并非以某个企业为主导。

简单来说，平台生态圈就是企业互助的平台，是中小企业的互助联盟。

企业要想发展，就必须与时俱进，认清新的趋势，创新模式，重新布局。每个时代的需求、供给结构和市场环境都不同，所以赚钱的逻辑也有很大的不同。

在改革开放初期，由于市场上缺乏物资，要想赚钱，就应该以商品为主、以生产和贸易为主。然后，随着工业化的发展和市场产品的逐渐丰富，要想赚钱，就必须关注渠道。20世纪90年代前后，各种连锁企业、超市应运而生，在渠道为王的时代，开商店是最简单的致富之道，像国美和苏宁就是抓住了这个机会。

在改革开放的前40年，赚钱几乎都是和卖商品有关。无论是开实体店还是网店，商家的利润主要来自产品流通的价差。然而，随着制造业、贸易商和终端市场供给的增加，同质化加剧，市场供过于求时，消费市场的机会就会消失。

每个时代的变化背后，都有新的机遇。当消费市场的机会消失时，就会迎来新的商机。

随着数字技术的发展，人类社会的经济形态已经发生了数次转型。信息技术革命推动传统经济转型为网络经济，而今天我们已经进入平台经济时代。

在平台经济时代，如果你想赚更多的钱，就必须把每个用户都变成企业家。就像过去两年流行的社交电子商务模式一样，它以个人为最小的业务单位，让每个人都成为企业家。这种模式的最大优势是，它可以通过创业带动消费。因为在互联网的后半段，每个人都可以成为一个赚钱主体和一个商业空间，只要你有智能手机，就可以使用社交媒体作为人们联系的一个端口，产生流量和销售。当企业或平台将用户发展成创业者后，不仅可以增加用户黏性，还可以通过用户来分割更多的用户。

身处移动互联、大数据分析和云计算技术基础支撑的平台经济时代，市场瞬息万变，企业与供应商、合作伙伴、员工、顾客等利益相关方形成了一个共生的生态圈，这种联盟是彼此生存发展的关键。平台生态圈利用互联网平台，使新的技术与传统行业深度融合，创造了新的价值与新的发展生态。

很显然，当下的市场红利就是平台生态圈。

二、平台生态圈的竞争优势

平台生态圈是商业生态系统模式的一种典型形式。企业联盟的出现可以更有效地整合市场资源，降低营销成本，提高价值创造能力。市场上的各类企业根据地域、行业、市场地位等形成不同的商业联盟，如城市联盟、产业联盟、商业联盟、消费联盟等，广泛联系着成千上万的企业或组织。

通过联盟，企业实现了价值和收入的最大化，有效降低了商家的生产经营成本，迅速扩大了市场份额，降低了消费者的购物成本。企业联盟的出现，将市场中的参与要素转化为一个整体，在市场中的话语权得到加强。企业联盟中的每个成员单位以统一的形式将每个企业连接起来，形成一个整体，通过这种联盟在市场上竞争，获得市场份额并创造价值。商业联盟的商业模式可以给企业带来巨大的竞争优势，具体体现在以下几个方面。

1. 平台生态圈能够最大限度地降低企业的运营成本

在平台生态圈模式下，联盟成员的产品一般采用联合营销模式进行推广和宣传，宣传费用由所有参与者共同承担。在这种情况下，不仅可以保证产品的曝光率，而且可以有效降低促销成本，降低企业运营压力，同时可以促进产品的销售。

平台生态圈联盟体系在进行推广和宣传时，可以利用广告机会最大限度地宣传联盟内企业的产品和服务，而企业所付出的价格仅为原来宣传成本的一小部分。在宣传效果上，由于企业联盟自有品牌已被市场认可，以联盟品牌为基础宣传企业产品，效果会事半功倍，更容易获得消费者的认可和青睐。

2. 平台生态圈能够形成商业互补

在同一个平台生态圈之内的企业，可以理解为处于同一个财团之中，而企业以财团的形式面对市场，就能够互补财团企业之间的优势和劣势，它们的优势可以充分发挥，而它们的劣势也能够被其他企业的优势所掩盖。这样，企业联盟的整体实力大大提高，以联盟的形式参与市场竞争就会具有相当的竞争力。

例如，在以商业银行为中心的生态系统中，银行和期货公司形成了合作关系：商业银行为期货公司提供自营资金管理、跨境业务、融资与债券发行、并购等多领域的全方位服务；期货公司为商业银行提供风险管理、投资咨询、国债期货等服务。

这样，商业银行与期货公司相互依存、优势互补，形成完整的银行生态系统，实现资金、产品、客户、技术的有效整合，全面保障了各方的利益。

3. 平台生态圈能够提高消费者的品牌认可度

我们在前面提到过，平台生态圈能够极大地降低企业的运营成本，这样就能够为消费者留下较大的利润空间。只有让消费者获得真正的利益，才能得到消费者的认可和支持。

现代信息网络技术的发展使人们的交流更加便捷，基于相同的兴趣爱好，人们会形成不同的圈子。每个人都在不同的圈子里，每个圈子都是一个潜在的消费群体。如果企业能够有效地掌握这些圈子的消费能力，根据人群的消费需求准确地推送产品或服务，那么就可以有效地提高企业的营销效率。

消费圈的形成有效地改变了供需双方的市场地位，市场已经从传统工业时代的卖方市场转变为互联网时代的买方市场。作为企业，必须时刻关注消费者的需求，生产出令消费者满意的产品，只有这样，才能在激烈的市场竞争中占有一席之地。

这就是平台生态圈的存在意义和发展空间。其最大好处是，一类具有相同价值观和利益的人被整齐地组合在一起，企业可以根据自己的需要开发出满足自己需要的产品,获得自己想要的价值。生态圈中的产品不再是大规模工业化生产的产品,而是定制化、个性化的商品,包含更高的价值和更清晰的受众。

平台生态圈的最大特点是转移注意力。一个圈子对一个产品满意后,会对产品产生很大的分流作用,不断将产品引入更深的圈子,不断让产品接触更多的人,让更多的人接受产品,提高产品的知名度和销量。

平台生态圈的出现改变了企业的经营模式,企业必须更加冷静地分析消费者的需求,为不同人群开发不同风格的产品,以满足不同消费者群体的消费需求。企业必须根据目标消费者需求的变化及时更新产品,及时纠正客户反馈的产品问题,创造更加完美的产品。总之,企业需要尽可能地满足消费者的需求,让消费者热爱你的产品,创造更大的价值。

可以说,平台生态圈是互联网时代商业发展的必然结果。

三、平台生态圈的三大层次

通常来说,商业生态系统具有三个层次,即共生、互生和重生。

1. 共生

共生作为商业生态圈的第一层,强调的是成员间的分工和协作,为了共同的目标有机地连接起来,协同用户创造更大的价值,最终实现商业生态圈的整体价值最大化。

共生的核心是实现价值共享，每个进入这个生态圈的商业伙伴都会互相帮助、共享资源，让价值创造活动更有条理地组织起来。

共生过程中，所有参与者都把精力放在一个特定的平台上，利用合作伙伴的优势来解决各种问题，极大地提升自身的价值，进而达到超越价值的效果。

2. 互生

互生是商业生态圈的第二个层次，它产生于共生的基础之上。商业生态圈内各成员之间存在一定的利益关系，相互依赖，并与生态圈整体的健康发展有一定的关系。

从互生性的角度来看，商业生态圈的成员创造的价值将在整个生态圈内共享，并由个体成员来补充自身的劣势。若缺少商业生态圈中的这种价值分享，则商业生态圈的健康水平将会出现失衡，进而导致生态圈成员的衰退，或从该商业生态圈迁移向另一个生态圈。

互生的核心在于共享价值的成本是绝对低的，商业生态圈必须建立一种可以低成本共享价值的管理结构，以维持商业生态圈的良性发展。商务生态圈包含着大量的领域，它们对整个商业生态的健康发展有非常重要的影响，特别是必须保持健康的关键业务领域。

3. 重生

不管哪个行业，它的发展都有边界。在产业进入成熟期之后，生态圈已经到了发展的边缘，很难有突破性的进展。当外部环境发生变化时，就会影响到整个生态产业，导致整个产业的衰退。重生强调的就是这种情形，即通过对最适合的市场和微观经济环境的产业区域的

第四部分　千亿公司做平台，万亿公司做生态

重新关注，将生态圈中的部分资产转移到新的生态圈，建立更加健康完善的经济秩序，创造更广阔的市场价值。

简而言之，重生的核心意义在于创新，企业通过不断创新创造出更大的价值，让生态圈获得长远稳定的发展。

以淘宝网为例。淘宝网在经历了一段长时间的快速增长之后，也出现了许多问题，如商家资质不齐，许多劣质商家提供了大量假冒伪劣产品，严重影响了淘宝网的声誉，导致很多消费者开始向其他类别的电子商务网站转移，这对淘宝网来说可谓巨大的挑战。

在这种状况下，淘宝网进行了重生，推出了"淘宝商城""淘品牌"战略，帮助淘宝网重新留住了许多消费者。在商业生态圈里，与淘宝网类似的重生事件还有很多，但也有很多只是共生，缺少重生。

单纯来说，这些生态圈注重的是共同创造价值，但面对利益的分配时，就会产生一种偏离，往往是整体利益最大化，而被整合者的利益最小化。在这一时期，将对生态圈的稳定造成较大威胁，因为一旦生态圈不能持续创造更大的价值，其成员将面临衰退。

可见，重生对商业生态圈的稳定发展起着至关重要的作用。三个层次缺一不可，它们都是构成商业生态圈的重要组成部分。商务生态圈作为商业关系建构中的一次革命，能够发挥共生、互生、重生三个层面的重要作用，极大地推动市场经济的发展，更好地为企业互助提供广阔的平台。

综上所述，构建商业生态圈的目的是让竞争对手变成合作伙伴。只有让利益相关者受益，才能有合作、生态和平台。

平台模式下的业务竞争是生态系统与生态系统之间的竞争，那么，该如何构建我们的生态圈呢？下一章我们将为大家做具体的讲解。

/ 第三章 /
合作共赢的平台生态

> 没有持续创新能力的公司最容易被淘汰，我们已经有不少前车之鉴。

对于中小企业来说，生存与发展一直是它们的两大困境，几乎每一个中小企业都在考虑如何生存、如何成长，但往往事与人违。

首先，生存对于很多中小企业来说一直是一个难题，在所有国家都是如此。在美国，中小企业的平均存活不过7年，中小企业3年存活率约50%，5年存活率仅20%；科技型中小企业失败率较高，3年生存率仅为30%。而抽样调查显示，我国中小企业平均只能存活2.5年。

在企业发展的过程中，很少有中小企业能成为行业的领先者，这是为什么？

其中的原因之一就是，老板太沉迷于自己过去的小成就，不从现在的角度思考发展方向。或者即使意识到问题，有改革的雄心，也缺乏改进和引进新优操作的决心，在意识和实践上仍然保守。即使在引入之后，他们实际上仍然保留着过去的企业意识和理念，仍然按照过去的方式运作。

在互联网时代，我们不能站在过去做实业的角度去思考未来的发展趋势，只有合作共赢、相互服务才是企业未来的战略方向。

我们要清楚自己的使命是什么、愿景是什么、共同的价值观是什么、你要得到的是什么，才能建立一个了不起的组织，吸引到志同道合、利益相关的参与者和开发者。

俗话说"大家好，才是真的好"，我们要打造的是属于"大家"的平台生态圈，而不是防御和抵制同行，那样不仅无法把传统垂直价值链的视野转向平台视野的发展，更不可能形成平台化的生态系统。

在当下，平台处于产业链的高端，不仅能获得无可估量的财富，更重要的是能掌握商场上的主动权。而打造一个能让所有合作者共赢且发挥最大价值的生态圈，必定能够帮助我们在商界拥有无法撼动的地位。

一、如何构建平台生态圈

如今市场竞争越来越激烈，一个企业如果想立于不败之地，仅仅依靠核心竞争力已经无法保障其市场地位。只有通过构建平台生态圈，寻找利益相关者，打造共生、共赢的商业生态系统，才能让企业在商场中立于不败之地。

但构建平台生态圈仅仅靠一家企业是无法实现的，它需要大家共同来完成，而且要求主导企业拥有能够支撑商业生态圈的内部生态系统。这也就意味着，构建生态圈要从主导企业的内部开始。

主导企业构建生态圈需要具备两个要点：一是企业内部的人力资源能够为构建商业生态圈提供基础支撑，因为商业生态圈是一个协同要求很高的组织，合作方之间需要相互配合来完成任务，如果连接不紧密，凝聚力低，价值就会较差。因此有人说，"商业生态圈的基础应该是内部人力资本生态系统"。二是企业老板要具备战略性头脑，能够把握未来行业的发展方向。

由此可见，处理好内部关系，才是构建平台生态圈的第一步。在做好这一步之后，才能开始谈平台生态圈的构建。

一般来说，构建平台生态圈有几大要点。

1. 点

入口是与用户建立关系的关键，好入口具有强黏性、高频次交互、强依赖等特点，有很多做产品生产和销售的公司都在做平台，但是它们的关系并不牢固，缺乏强黏性。

2. 线

在连接不中断的情况下，连接会产生持久价值。比如智能泊车业的初始联系是停车场（场、库）、车、人（司机、车主），然后再扩展到后市商家、其他各行各业等，这一连接可以给生态圈的各个环节带来价值。

3. 面

面是在点与线的连接基础上形成的，它能够放大价值、延伸价值。建立生态圈可以实现平台的价值最大化，生态圈内各种组织之间是共生、互生、再生的关系，最终在这个大生态圈内大家都能共享共赢。

基于以上几点，构建平台生态圈可以按以下步骤来进行。

第一，找到企业价值所在。在众多价值链中保持一个有共性的地方，才能为一条或多条价值链提供更多价值，建立一个统一的平台。

第二，建立企业的核心优势，开拓平台业务和资源。以平台为基础，建立技术、品牌、管理系统、数据、用户习惯等自身易于复制别人难以超越、边际成本极低的无形资产优势，从而提高平台的可扩展性。通过网络效应的推动，使平台迅速做大，以实现更大的平台价值。

第三，延伸出更多业务。构建生态圈需要衍生出更多业务，为价值链添加更多部件，构建出更高效的辅助服务，才能增强平台的黏性和竞争壁垒，直到最终形成平台生态圈为止。

第四，巩固生态圈。随着产业的发展，平台生态系统的价值也在不断变化，平台生态系统的功能从战略上转移并倾斜到未来更有价值的环节，成为提升平台生态圈可持续发展的关键。为进一步巩固平台生态圈，需要时刻关注行业发展趋势，关注用户需求变化，时时优化生态圈。

接下来，我们就以百度、阿里巴巴和腾讯这几家行业巨头为例，学习如何一步步构建平台生态圈，如表4-1所示。

表 4-1 百度、阿里巴巴和腾讯平台生态圈构建过程

步骤	百度	阿里巴巴	腾讯
第一步，找到企业价值所在	建立搜索服务，发布搜索引擎	上线 B2B 网上贸易平台	推出即时通信软件 QQ
第二步，建立企业的核心优势，开拓平台业务和资源	除了原有的搜索功能以外，开拓百度竞价、搜索风云榜、新闻、图片、贴吧等功能。通过吸引知名企业参与竞价推广以及各方媒体入驻发布新闻等，来拓展资源和人脉	除原有电商平台以外，推出"中国供应商"服务，举办各类活动，积累在商界、政界等方面的人脉	持续发展 QQ 业务，同时针对年轻人开展活动，同时，为用户量身打造各种社交功能，培养目标人群的使用习惯
第三步，延伸出更多业务	持续推出如文档搜索、百度知道、百度安全等新功能。同时基于搜索平台的技术、用户、品牌等资源，开发属于企业旗下的游戏、音乐、旅游等各类业务，逐渐把自己的产品渗透进人们的日常生活中	进一步拓展原有业务，如把支付宝打造成一个独立的业务平台，除原有的付款、提现、收款功能之外，新开发出缴费、理财等业务。继续创立新的业务平台，如天猫 B2C 购物网站、聚划算等。至此，阿里旗下已聚集了 B2B、B2C、C2C 等数种电商平台，加上其旗下支付宝、团购等业务，一个多元化平台生态圈已初步完成，并在逐步改变人们的生活习惯	继续推出新产品，如腾讯通、QQ 日历、QQ 输入法等，还开发了相对独立的新的社交平台——微信。至此，腾讯产品和服务已涵盖了通信、社交、游戏、新闻、购物、支付、金融等领域，几乎触及人们生活的方方面面，润物细无声般融入了人们的日常生活，悄无声息地让人们离不开它的产品
第四步，巩固生态圈	通过借力其他行业巨头或靠并购其他企业的形式来优化平台生态圈	为掌握大数据，成立阿里云，打造云计算服务平台，通过布局移动互联网，打造信息流平台，来完善平台生态圈	选择资本运作，依靠海量用户建立的谈判优势，通过并购收购方式进行战略布局

第四部分　千亿公司做平台，万亿公司做生态

通过这些企业构建平台生态圈的历程，我们能够发现它们的发展轨迹：边界清晰—边际模糊—自设边界。其中，边界模糊是指企业能够根据市场或公司本身的发展状况，来自由选择定位边界。

通过这些企业的经验，我们还会发现，企业要想打造平台生态圈，首先必须要打造属于自己企业的核心产品，也就是打造自己的核心竞争力，这一点在任何时代都是相通的。其次要建立开放共享的基础平台，聚集各行各业的资源、建立供需连接，一次满足双方的商业需求。最后还需连接各方主体共同参与，平台生态圈要触及各行各业，才能得到长远而稳定的发展。

1. 打造属于自己企业的核心产品

打造企业的核心产品，是打造平台生态圈的有力入口。因为核心产品能够提高用户黏性，在一定时间内聚集并留存用户，是企业流量的主要来源。有了基础的用户流量，才能继续来开发各种应用和服务，而打造核心产品的要点就是以用户需求为中心，并且围绕用户需求不断改进迭代，给用户提供好的服务和体验。毕竟平台生态圈的内生动力来自用户的需求，只有围绕用户需求持续创造价值，生态系统才能可持续发展，否则必不长久。

打造核心产品最快捷的方法就是利用企业原有的资源和人脉，任何一家企业起家之时，一定有其独特的商业优势和资源，也就是这家企业的所谓商业基因。比如百度的商业基因是搜索引擎，阿里的商业基因是电商平台，而腾讯的商业基因则是即时通信功能。

有些人不擅长读书，却是经商能人；有些人理科不行，文科却很强。每一个人都有自己的天赋，不要勉强做自己不擅长的东西，你拼

尽全力去做自己不擅长的领域,只是浪费时间,努力很重要,方向更重要。

打造平台生态圈也是如此。企业的基因就是企业的核心优势,通俗地说,也就是企业的天赋,找到自己的天赋所在,才能打造出具有竞争力的产品和服务。

2. 建立开放共享的基础平台

平台生态圈汇聚了各行各业的资源,能够不断地产生新的产品和服务,而这些都建立在开放的基础之上。"问渠那得清如许?为有源头活水来。"只有开放共享,才能不断汇集流动的资源为大家所用,实现资源的高效配置和价值的有效创造。

3. 连接各方主体共同参与

在打造平台生态圈的过程中,参与主体的多样性对于商业生态系统也是很重要的,这样才能在竞争激烈的商业世界站稳脚跟。而当外界的商业环境发生不确定性变化时,多种多样的参与主体也能够起到缓冲作用。

聪明的企业家懂得如何利用和引导多方力量,并集合这些力量为企业服务,同时通过跨界、混搭、融合,打破业务边界来建立平台生态圈系统,在商场上强势崛起。

我们要记住,一个完整的商业生态圈应该是涵盖了消费者、供应商、合作者在内的,这样才能最大限度地利用和盘活身边的所有资源。

二、创新技术夯实平台基石

新常态下的商业生态系统不仅呈现出新的特点，也为整个生态系统的未来发展带来了新的机遇。

商业生态系统的重点之一是价值创造，即通过企业联盟和创新，连接那些真正有价值的东西。此外生态治理也很重要，因为想更好地利用客户、市场、联盟和供应商，扩大生态系统，创造真正的价值，企业就必须建立系统有序的平台生态圈。

未来商业世界的竞争，主要是系统、技术以及人才之间的竞争，但说到底还是各种先进的创新性技术的竞争，比如大数据分析、云计算、移动和社交技术等。根据权威数据显示，70%的企业正在应用大数据分析、云计算、移动和社交技术。

企业的发展离不开大数据、云计算、社交和移动技术，而这些技术更是平台生态圈的构建基石。

1. 大数据

大数据能反映使用者过去的行为轨迹，并能预测使用者未来的行为倾向。由于数据分析工具和数据挖掘的渠道越来越丰富和多样化，数据存量越来越大，数据对企业的重要性也越来越大。

海量数据的迅速发展，给企业带来了巨大的机遇。大数据技术使数据在企业中的作用日益突出，更多的大公司开始把自己的数据看作关键的业务资产，它们将有效地提升业务价值。

信息爆炸时代，对于每个企业来说，基本上都是在一个数据化的环境中生存。理性地使用大数据，有助于企业洞察外部市场，根据对数据分析得出的结果，适时地进行内部和外部调整，提高决策的速度和准确性。

2. 云计算

云计算技术是推动全球IT领域增长和创新的核心动力，云计算已经被证明可以帮助企业降低成本，增加灵活性和弹性，并优化资源使用，从而提高竞争力。

云计算的广泛应用有三个内生动力。

（1）传统的建设模式成本过高，经济效益低。

（2）互联网时代，创新业务需要快速迭代、灵活弹性的基础架构支撑。

（3）供给侧结构性改革需要新的技术环境。

面对新的形势和需求，云计算提供了全新的生产方式，重新定义软件的开发、交付方式以及资源的存在性和调度方式，强调共享、协作、聚合、协调、灵活，使得应用能够在云中灵活扩展、自动容错、灵活迁移。

3. 社交

社交已成为互联网发展的主要方向，企业可以通过发展社会化的商业模式来把握网络的社交化机遇。社会商业模式是由四个主要的参与者类型和业务提供平台所组成的，它创建了一个社会协作环境，以自组织模式作为价值交付的基础，设计了一个共赢的盈利模式来吸引大量参与者，同时提供高效的平台管理、运营和支持能力。因此，在业务交付平台上，可以进行多方的大规模创新、协作和价值交付。社会化经营模式通过培育企业内部和外部之间的合作关系，从而产生共同的商业价值，实现共同成长。社会化商业模式的基本特点是创新、一致、促进和普及。在实现社会化商业模式转型的过程中，企业还应提升管理能力，进行管理变革，为新模式的建立提供适宜的氛围与环境。

网络社会的发展催生了社交化的商业模式，企业应该顺势而为，充分借助社交化的商业模式来改变客户关系管理，充分释放创新能力，跨越式提升交付能力，挖掘人力资源潜力，在市场竞争中拔得头筹。

4. 移动

在移动互联网向传统经济不断渗透的今天，企业级移动市场布局已成为一种大趋势，即通过移动互联网技术塑造全新的企业管理和业务增长模式，利用最前沿的技术有效连接企业内部资源、外部合作伙伴、上下游企业，安全地进行移动互联创新。

相对于PC等传统的信息化终端，智能移动设备有着非常明显的优势，如随处可访问的特性、设备的灵活性、易访问性、强用户黏性等，这些特点使移动设备非常适合在工作场景中使用。在移动信息化及其应用的基础上，针对时间碎片和场景的资源利用已达到空前的高度，移动信息化发展到现在已开始围绕业务的运营展开，帮助企业业务价值提升的移动信息化应用开始成为当前部署的主力。而且随着国家对移动信息化的重视以及相关政策逐年增多，我国移动信息化进入了快速发展时期，移动信息化的建设已经成为众多企业迫切需要解决的问题。

总的来说，云计算、大数据、社交和移动等新兴技术的出现，对于国内厂商是一个机会，尽快发展这些技术能够让我们的企业更具备竞争力。虽然国内大部分企业在这些技术产业的建设上，都缺乏基础架构软件和建设的资金，不过，好在还有很多云服务厂商能够帮企业解决这些问题。

第四部分　千亿公司做平台，万亿公司做生态

/ 第四章 /

寻找"一条绳"上的盟友

> 建立在友谊上的商业业务，远比建立在商业业务上的友谊靠谱。

在新常态下，商业关系也发生了前所未有的变化。随着科学技术的不断进步和互联网的普及，行业与行业、人与人之间的界限被重新划分。商业要素之间的连通性大大增强，打破了原有清晰的商业关系，行业边界趋于模糊甚至消失，企业竞争与合作的范围无限扩大。我们已经进入了一个竞争与合作的"无国界"时代。

在这种背景下，企业要想在新环境中生存和发展，就不能再孤军奋战，而是要利用自身商业生态系统的价值。而打理生态系统的原则是，集中精力去处理和生意伙伴的关系，而不是挖空心思地处理和竞争对手的关系。

商业生态圈强调不同组织和个人之间的互动，这是一种共生互动的关系。同时，生态系统并不等同于联盟，不同联盟之间的关系往往是支离破碎的，而生态系统是将所有合作伙伴视为一个整体。

平台 战略

商业生态圈的好处在于不任人唯亲,不以亲疏关系来选择合作伙伴。所谓"建立在友谊上的商业业务,远比建立在商业业务上的友谊靠谱",在商场中,没有永远的朋友,只有永远的利益。

商业生态系统可以描述为"由客户、供应商、主要制造商、竞争对手、补充产品制造商、投资者、贸易伙伴、标准制定机构、工会、政府和社会公共服务机构组成的具有特定利益的组织或团体,它们相互竞争、相互合作,形成一个充满活力的经济联盟"。

经过我们观察发现,商业生态圈时代营商环境的未来发展趋势如下。

商业生态圈能够促进企业与其他行业进行深度的合作,甚至与其他平台的生态圈进行重叠和融合,帮助企业迅速吞噬原本的市场领先企业。比如美团外卖,一开始只做外卖业务,所有业务都围绕着"吃"展开,在积累了一定的用户和流量之后,又通过整合线下餐饮品牌和线上互联网资源,发展生鲜、金融等其他业务。这就是跨界整合的典型。这种各行业之间的深度融合,让美团成为外卖平台的巨头之一。

由此可见,"共融创新,生态合作"正是商业生态圈发展的关键所在。下面,我们就以今日头条为例,来看看它是如何进行跨界融合的。

案例:今日头条跨界打造生态圈

今日头条可以说是近年来最成功的新媒体平台之一,它由最开始的资讯分享平台，通过头条、西瓜视频、微头条、抖音、网店等形式打造了一个多样性的平台生态圈。

今日头条的成功并非偶然，自成立以来，今日头条一直在广泛寻找新产品的机会，并果断地将多个团队置于同一细分市场。

在成立之初，公司专注于文本和照片内容实验，这为其新闻应用"今日头条"奠定了基础；2016年，开始转向短视频领域，与视频"网红"平台抖音合并，完成了从纯资讯到集资讯与视频、直播等为一体的综合性平台的跃迁，共同打造新型的应用生态圈。

今日头条当初之所以选择与抖音合作，一方面，是看重抖音背后海量的用户数量，以及丰富的应用场景；另一方面，今日头条与抖音的流量高度重合，能够极大地拉动今日头条新闻与西瓜视频用户的增长。

既然是合作，那么自然要形成双赢的局面。为了给抖音引流，在今日头条的主界面上，在用户浏览图文内容时，系统会自动刷到抖音直播的动态推广页面，这种设置不仅能提升用户点击率，还能大大提高主播所推广的商品的曝光率。

不仅如此，在微头条的界面中，用户也有可能刷到抖音的推广页面，而且占据的空间更大。用户甚至可以在直播室内了解商品的具体折扣信息，原价是多少、现在又便宜了多少，都一目了然。

此外，今日头条的关注页也有相关引流，直播入口直接设置在账号的头像上，用户点击之后，就能够直接跳转到抖音的直播页面。而且即使用户卸载掉抖音App，也能够通过今日头条App完成上述操作。

以上这些操作无疑是双赢的，在今日头条为抖音引流的同时，也拥有了相对比较完整的直播展现能力。这种设置的优点是：一方面，它可以消除应用程序之间跳转分离的感觉，降低用户因跳转问题而不使用该功能的概率；另一方面，也有利于头条用户使用直播功能，并将平台上的一些非抖音用户巧妙地转化为抖音直播间的观众，实现用户和内容的"双内循环"目标。

可以看出，将抖音的直播内容连接到头条，通过内容吸引用户，在扩展头条内容源的同时，也增加了语音直播的内容分发渠道。简单来说，就是让相同的内容更容易被更多的用户看到。

事实证明，这一做法是成功的。到2021年，今日头条的用户数量就已经破亿，而其旗下的抖音短视频平台日活跃用户数量更是高达6.8亿，也就是说全国有近一半的人在使用这个软件。

如今，通过几年的探索，公司又将重点转移到教育业务领域，在7个细分市场推出了至少11种不同的产品。通过最大化跨功能使用，来共享服务平台，新产品团队可以轻松整合一流的技术和功能。比如，团队在探索人力资源机会时，可以整合共享服务平台算法团队构建的人工智能技术，包括面试转录和简历扫描功能。再比如，智能家庭作业灯等智能教育设备，借助共享服务平台的语音识别、视觉识别和搜索功能，可以记录、评估和分析学生的学习情况，让家长和导师远程监督孩子完成工作等。

在互联网江湖上，变革与创新无时无刻不在发生。在新的组织和业务调整下，今日头条旗下的各大应用聚拢在一起，将合力打造一个新的领先型的应用生态。相信过不了多久，今日头条的用户场景将更加多样化。

第四部分　千亿公司做平台，万亿公司做生态

"本是同根生，相煎何太急"，这两句诗很好地说出了企业之间的关系。随着市场的透明度越来越高，资本市场和科技的不断发展，生态圈中企业的竞争也越来越激烈，是消灭他人，还是把他人收入麾下？

就像两个力量相对平衡的国家，经过累年交战之后，彼此都很疲惫，百姓也不得安生。如果一直把对方视为敌人，国家常年在风雨中飘摇，人们只想着活命，哪里还有心思去发展商业？这样做最终只会导致百业俱废。

俗话说，没有永远的朋友，只有永远的利益。敌人也是如此，没有永远的敌人，只有永远的利益。这也是历史上很多国家选择签订和平条约的原因，根据条约规定，一定时间之内不再交战，让边关的百姓得到喘息的机会，耕地农作，发展边关贸易。

在共生过程中，参与者可以专注于某个市场，利用平台其他合作伙伴的力量解决其他问题，从而大大提高企业绩效。这一部分的核心是建立价值平台。参与者可以投入相应的实物资本、智力资本或金融资本建立平台，通过这样一个平台，成员可以共同努力简化复杂的价值创造活动，提高生产力，并提供更多可能的价值创造点。

第五章

生态圈中的"圈套"

> 到达过巅峰的企业,未必能再创高峰。

如今,市场环境的容错率大大降低,任何战略失误都可能给企业带来难以预料的灾难。过去的成功,并不意味着未来仍有成功的机会,如果你犯了一个错误,或许你就会输掉整个比赛。

在全球化的今天,商业模式和战略规划的转变是一个复杂的过程,这将给企业带来不利的局面。

面对这一趋势,企业要么兴奋于追逐可能的商机,要么焦虑于跟不上时代步伐的风险。他们像潮水一样冲进"变形人"的行列,是为了站在潮流的前沿,或者希望至少能有所分享。

但是,潮涨潮落的历史经验总是提醒我们,任何一种具有强大生命力和潜在商业价值的新事物,都容易在风起云涌中形成陷阱,让盲目的追随者止步不前。

无论在哪一个时代,都要求我们正确认识这个时代下的商业模式的局限性以及误区,在转型的过程中,企业不仅要积极拥抱激流,还要冷静思考，尽量避免陷入各种陷阱。

运营一个平台和建立一个平台一样重要，因为如果一个平台消失了，用户就会失去在平台上已经建立起来的综合服务体验，而这种体验是不可能在短时间内重新建立起来的。从这个意义上来说，平台的不可替代性远远不是一个单一的产品可以相提并论。

比如，一家银行消失了，用户可以立即更换另一家银行，而不会造成任何损失。但是如果银联消失了，就会给人们的生活带来很多不便。因为银联的一端包含了所有商业银行，而另一端是大量的线下商户，只有一家，所以具有独特优势的业务可以让平台的基础难以撼动。

俗话说："真理和谬误之间只差一步。"任何事物都有其两面性，平台生态圈也是如此。因此，在建立平台生态圈后也不能掉以轻心，要了解平台生态圈的局限性，避免走入运营误区，只有遵循行业的运营法则，才能谋求更大的发展。

一、平台生态圈的局限性

首先，是企业实力的局限性。

需要指出的是，没有产业链整合的力量，就不可能形成公共服务平台；构建生态系统的企业必须是一个已经突破了盈亏平衡点、具有一定垄断地位的平台企业，不能急功近利。

对于互联网初创企业来说，则是与投资者不断输血分不开的。从天使投资、风险投资到战略投资，优质资本的投资是中小型企业发展的强大助力。

其次，是行业类别的局限性。

由于沉重的资产拖累和自身利益障碍，平台生态系统战略只能在有公共服务需求的领域实施，如果平台能够得到政府公信部门的帮助或者与之合作，就会事半功倍。

最后，是技术支持的局限性。

即使在互联网服务领域，也只有通过相应的技术突破和产品服务创新，才能构建平台和生态系统。此外，通过专利保护、服务黏性和客户转移成本，相应企业可以实现阶段性垄断运营，这是平台生态系统生存的前提。

从本质上来说，生态系统并不是免费的，也就是说，打造平台生态圈还需要看一个企业是否能推动其他相关企业的发展，是否能最终促进实现交叉补贴和价值交换，是否能实现理想的软件和硬件的组合方式、金融与实体对接、线上线下共同繁荣。

二、平台生态圈的运营误区

在平台生态圈的运营中，企业还要避免以下几个误区。

1. 企业不能一味"烧钱"

毫无疑问，致力于构建互联网平台甚至生态系统的创业型企业比传统企业有更大的失败概率。因此，我们在此强调，中小企业千万不要忘记自己的生存问题，不要"出洋相"，否则就会为成为平台发展中的炮灰。

首先，我们需要澄清一个问题，一个企业在创业期正常合理的投资是不能算作"烧钱"的，只有明显超出正常投资规模和周期的资金投入才属于"烧钱"范畴。

在短期内，为了迅速扩大市场，"烧钱"是一些行业的普遍现象。但是从长远来看，不建议长期"烧钱"，否则会变成一个无底洞，用户越来越被"惯坏"，习惯了补贴，他们怎么能忍受失去福利？

所谓"由俭入奢易，由奢入俭难"，企业为了留住用户，不敢停止乱"烧钱"，用户多依靠补贴和优惠，但对企业和产品没有形成强烈的依赖性。

近年来，在网约车、共享单车领域，出现了以补贴为手段的营销方式。这样以低价抢占市场份额的方式，也是不计成本争夺"数字"份额的方式。事实上，"烧钱"补贴是一些平台企业无视法规和市场秩序的行为，不仅损害了合规企业及其投资者的利益，而且严重破坏了整个互联网出行市场的秩序。

从短期来看，以"烧钱"补贴的方式鼓励人们选择互联网平台服务，似乎是平台公司抢占了市场份额，民众获得了"让步"。但从长远来看，"天下没有免费的午餐"，所有的"免费"服务都是以牺牲长期利益为代价的。

这种低成本的倾销抢占用户是对交通出行需求的扭曲，导致市场环境的混乱。在高额补贴的刺激下，滋生了司机刷单、中途退费、"马甲"车等违规行为，不安全、低质量的服务最终由用户承担。

如果一味地以资本为王，互联网平台的发展就会是一场无休止的战争。这种强中有强、弱中有弱的局面，不仅使市场发展难以为继，而且有违公平正义。只有以建立平等有序的市场秩序为出发点，新兴市场才能健康持续发展。各大平台公司应将更多的精力投入提升民众出行服务体验上，以民众需求为基础，不断创新商业模式，完善运营管理模式，提供更加精细化的服务体验。

2. 不可有争权夺利的心态

不知从什么时候起，"赢家通吃"成了所谓新经济铁律。虽然网络产品或服务的边际成本趋于零，消费习惯不容易转移，便于企业快速提高市场份额，但很难理解垄断怎么会不影响消费者的利益。

在线租车通过智能搜索、移动支付等技术突破，解决了传统旅游的刚性需求和痛点，让我们享受到前所未有的共享经济的好处。然而，有某些平台依靠背后巨头的不断输血，违反公平竞争原则，通过价格补贴等手段垄断了整个行业，让其他竞争对手无法生存的后果就是，当这些平台积累了一定用户之后，就开始疯狂牟利，定价也越来越高。没有了对手的竞争，企业只会更加肆意妄为，这种做法最终会引起用户和"供应商"的反感，最终流失掉所有用户。

有对手才有发展，我们必须要记住，平台的本意就是开放，生态圈的内涵在于共荣，"赢家通吃"岂非反其道而行之？

此外，在构建平台生态圈的时候，前人的一些教训也值得我们参考。

1. 不深入就失败

深化改革并不是意味着每一个现有的企业都要大胆前进，赌上整个企业的生命来组织或参与这个生态系统，而需要企业充分理解生态系统的复杂性和不熟悉的机会。许多企业都受制于自己的渐进主义，为了保护现有业务，它们的思维模式非常狭隘。然而，生态系统的目的是动员和激励各种参与者，以满足消费者的端到端需求。

要做到这一点，企业需要努力打造客户旅程，提升客户体验，对旅程相关的关键人进行深入的战略思考；企业需要探索价值链，发现可以通过智能转型实现显著改善的领域。亚马逊通过点击购物和当日送达创新客户体验就是一个例子。即使企业只是小范围地参与和投资生态系统，也必须深入思考客户之旅。

2. 行动是战略性的，不能完全一味"做减法"

现有企业在推出生态系统时，往往瞄准核心业务周围的收入池。它们认为，凭直觉采取一些小行动是明智的，比如在网站上添加一些更智能的功能或应用程序。例如，某银行增加了网上贷款申请，认为只要稍加设计调整和广告宣传，就可以吸引核心贷款企业和核心区域以外的客户。而结果令银行高管们感到失望：很少有客户尝试使用这款应用，使用它贷款的人更少。

为什么？因为这个应用程序既没有降低成本，也没有简化交互过程——这是生态系统向客户提供的价值主张的两个关键之处。

3. 有远见的长期合作

比如，两家公司的CEO都渴望复制数字行业领先公司的辉煌成功，他们充满了热情和大胆的想法，希望结合各自优势，在价值链上实现共赢或开拓新市场，并在这一愿景下启动生态系统倡议。但是，他们的计划总是在细节上失败，比如价值链中哪些节点应该由自己的公司控制，哪些节点应该由合作伙伴控制，参与者如何整合各自的能力，或者如何共同管理生态系统的新运营模式。

这种未能形成深度共识的愿景，导致一家互联网广告公司和一家金融机构的合作失败，最终未能建立一个双方都有突破潜力的生态系统。广告公司拒绝了收入分成的提议，金融机构最终支付了一大笔钱来填补价值链上的缺口，这很容易就可以用广告公司的分析技巧来填补。两家公司都缺乏一个清晰的概念，即如何收集他们的专业知识，以带来更多的客户或收入。或许两家公司在市场发展方向上并没有形成令人信服的、一致的长期愿景，在明确谁应该做什么的同时，它们降低了生态系统中潜在参与者的可感知风险，而这些潜在的参与者对于为客户创造完整的端到端产品和服务是非常必要的。结果，两家公司都未能从单一的区域性企业发展成为覆盖全国的市场参与者。

一般来说，企业内部可能会出现以下问题：职能部门或业务部门因为不相信变化的潜在价值而抵制；激励机制没有为生态系统的发展而做出调整；数据隔离；领导者不会在推动变革方面树立榜样。生态系统需要战略和财务上的远见，但是成功也需要组织内部的仔细设计和治理规划，以服务于新的生态系统方法。

在这个新兴的生态系统世界里，企业应遵循以下三个原则。

（1）一般而言，控制点是那些能够最好地部署功能或消除痛点并简化客户旅程的位置。掌握一个或多个控制点可以为横向和纵向行动提供基础，促进企业进入新的行业，接触新的客户和业务伙伴，甚至获得新的业务。

（2）通过这些控制点的适当能力锁定影响，是生态系统和其中的企业扩展触角并创造价值的途径。成功的企业会注重并自觉培养控制点，目标是使生态系统准确地满足客户的需求和期望，并吸引成功实现这一目标所需的合作伙伴。

（3）设计组织结构以适应许多参与者和客户。一个成功的生态系统旨在扩大市场，为所有参与者创造价值，当然，这也受到了投资者的欢迎。然而，打算建立或参与生态系统的企业必须平衡和处理好企业内外的一系列棘手问题。

在企业内部，必须找到正确的组织模式。在这点上，企业往往会走极端。一种极端的做法是，行动过于狭窄和局限于组织轴，例如通过住房贷款部门或职能处理整个房地产生态系统，这种模式将导致容量不足，难以扩大规模。另一种极端的方式是，企业利用风险投资模式收购自己认为需要的企业，例如技术平台提供商，然后努力将收购的业务与现有的能力、市场进入方式和数据系统进行整合。正确的模式应该在两者之间，并根据内部需求和市场环境进行适当调整。

在企业外部，生态系统的协调组织者必须鼓励协作，包括透明的数据共享和谨慎的行动，以便为所有参与者留下价值空间（而不是垄断所有价值）。此外，应认真考虑和设计协作促进的纠纷解决机制和跨生态系统学习机制。处于组织协调地位的企业应特别注意需要有一系列的协议和设计，使所有参与者受益，当然也包括让消费者受益，这可能是最难做到的一点。

如今，我们正站在一波浪潮的尖端。每天有无数诞生或新转型的企业都采用了平台概念，彻底改变了过去数千年的商业行为，甚至是文明演进的方式。未来的某一天，当我们回过头看，就会发现，现在的我们正身处于"迈向平台战略的引爆时代"！

第五部分

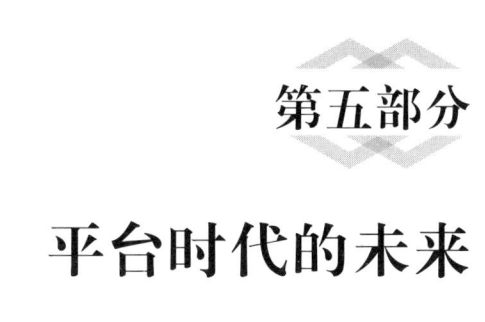

平台时代的未来

企业需要通过不断重塑、
不断创造来巩固自己的地位。

第五部分　平台时代的未来

有人说，创业就是不断地毁灭自己，然后再重塑自己。当我们的企业发展到一定阶段或遇到发展瓶颈时，我们应该考虑是否需要重塑业务模式。

要知道，不断创造和重塑商业模式，是一个国家、一个民族发展进步的灵魂和不竭动力。对于一个企业来说，找到活力和出路是必要的条件，同时也是企业生存和发展的基础。通过这种改造，企业可以不断提高效率，适应经济发展的要求。

在前面我们提到过，作为企业互助平台，商业生态系统具有三个层次，即共生、互生和重生。

不管是什么行业，都有着它自己的发展边界，而当外部的市场环境已经发生演进或者进入下一个阶段以后，也就意味着这个行业正面临着发展的瓶颈。

只有通过平台生态圈的再生，才能帮助这个行业突破这一瓶颈。企业通过关注最新的市场或者产业，把资源转接到新的生态圈中，从而建立起更为完善的合作框架以及更为合理的组织秩序，才有机会突破成长瓶颈。

想要打造合理而稳定的平台生态圈，就需要把内部的各项资源循环利用起来，同时提升产品的流动性以及信息的共享度。这就要求我们在制定战略时，需要从以往的产品战略转向平台战略，从只关注企业在行业中的地位转向全行业的产业化。尤其是商业生态系统的关键企业更要起到带头作用,企业的管理者应该经常考虑他们能给商业生态系统带来什么,而不是侵占生态圈之中的资源。企业的管理者应该更多地去思考,如何才能为合作伙伴提供他们所需的资源,以吸引更优质的资本加入,同时进一步联合编织网络,更为紧密地连接系统中的各个链条。而生态圈中的其他系统成员,也应利用自身优势,尽快找到可以填补和整合缺口的方略。

那么,在这一部分我们就为大家讲解如何重塑平台生态圈,以及什么对平台生态圈来说才是最关键的。

第五部分　平台时代的未来

第一章
从产品战略到平台战略

> 大道至简，越是精练的战略，就越容易被彻底地执行。

战略最初是一个军事概念。在西方，"战略"（strategy）一词来自希腊语"Strategos"，意思是军事将领和地方行政官员。后来演变为一个军事术语，指军事将领指挥军事行动的战略。

在中国，战略一词也有着悠久的历史，"战"指战争，略指"谋略"。

所谓商场如战场，不同的时代企业家们都面临着不同的战场，只有根据形势制定经营战略，才能在商战中取胜，永远处于不败之地。

由此可见，战略不仅仅是一种计划，更是一种选择。

企业在制定商业策略的时候，除了考虑外部市场环境和行业竞争对手外，还需要考虑所拥有资源的现状，然后根据自己的能力和资源计划如何实现战略目标。

我们建议，首先要参照国际上的政策环境，企业的发展离不开整体的外部环境；其次要参照行业基准，以同行业龙头企业或不同行业的龙头企业为学习标杆，梳理出可供公司借鉴的经验。此外，还应关注公司经营中存在的困难，找出公司在实现预期战略时可能存在的关键弱点。

当然，更重要的是，这取决于当前市场的发展趋势。商业策略越精确、越精练，就越容易成功。原因很简单，目标明确，发力精准。

企业想要发展，就应该提出适应时代需要的经营战略，建立适合当前经营环境的经营战略。当一个公司的战略明确了，它的定位和具体的发展战略也就明确了。

商业战略是为实现目标而服务的。商业战略就是制定一个目标，找到实现这个目标的路径和方法，这关系到企业未来的规模和成败。

既然商业战略是为目标服务的，那么所有的商业战略都应该从未来着眼现在。我们看到那些成功的大企业，很多人认为它们的成功是产品的成功，或者是管理的成功，或者是营销的成功，等等，但实际上，每个大企业的成功都得益于战略上的成功，它们往往在企业成立之初或者项目建立之初就有了一个清晰的战略规划。

同样，战略对于中小企业来说也尤为重要。但遗憾的是，大部分中小企业都不做战略规划。它们今年这样做，明年就那样做，缺乏清晰的目标和目的，几年后，仍然在原地徘徊。

在过去，市场之间的竞争都是以产品型企业竞争为主，说到底就是产品与产品之间的竞争，而如今则是得平台者得天下。

因为平台的背后代表的是大量的用户，得平台者得天下，实际上就是获得平台的资源和用户。获得用户是平台战略的意义之一，也是第一步。在得到用户之后，就能获得其背后海量的数据，通过整合和分析这些数据，就能成为企业后续销售的强大助力和巨大流量的来源，从而形成一个取之不竭的内循环。

为什么这些企业能越做越大，而那些传统企业却越做越小？就是因为那些传统企业走的是产品战略，而像阿里巴巴和京东之流走的是平台战略。产品战略和平台战略的区别之大，就好比你用一个木瓢去打水与打造一个水渠去引水的道理一样，你费尽心思做了一个木瓢去舀水，每次却只能舀一点，要盛满一缸水，至少要跑上百趟，水用完了还得重新去打。

走产品战略路线，每一次商业改造的效果和平台战略对比只是杯水车薪。就好比你为了提高每次的盛水量，就通过改造木瓢的设计、改变它的弧度来提高盛水量，效果是有的，但太微弱了，打的水连自己家都不够用。

但平台战略就不一样了，它是通过打造一个大水渠，让水源源不断地自动流进来，不仅能够让你取之不尽、用之不竭，还能惠及一方百姓。

最成功的例子就是淘宝，它是中国最大的电子商务交易平台，但自成立至今，本身从未生产过任何一件商品。不打造一件产品却能摇身一变，从一文不值到现在估值千亿，这就是平台战略的魅力所在。说到底，淘宝便是通过聚集万千用户，靠着向平台上的店家出卖用户流量而获利的。

腾讯也是如此，借助 QQ 强大的用户量，又陆续推出了微信等新产品。虽然在微信问世之时，市场上也出现过不少的同质化产品，有些甚至比微信出现得还早，但为什么这些产品最终都失败了？究其原因，还是用户根底较量的结果。

看到这里，你或许就能明白平台战略对于企业发展的意义。而从产品战略到平台战略，也是再造平台生态圈的第一步，我们看看这一步该怎么走。

一、产品战略的致命弱点

打造平台生态圈的几个基本步骤：点、线、面。首先要选择入口，然后连接各方价值，再在点和线的基础上形成面，利用入口和各方价值构建生态圈。

那么，当我们面临生态圈成长瓶颈，需要再造平台生态圈之时，也是如此。通过重新关注最适合的市场和产业区域，把一些资源转接到新的生态圈，建立更合理的合作框架和更健全的组织秩序的第一步，就是要重新调整战略。我们要重新找到一个入口，而这个入口过去或许是通过一种产品或服务来作为核心竞争力，而想要建立更完善的生态组织，就需要以平台为中心。

接下来，我们先简单了解一下产品战略的相关理论和实践，再来讨论如何打造平台战略。

产品战略是指企业围绕产品所采取的战略。在过去单边市场盛行的时代，企业在制定商业战略的时候，比较奉行产品战略，把产品当成企业的核心竞争力。

哈佛大学教授、著名的企业管理专家迈克尔·艾森豪威尔曾提出过"企业核心竞争力"理论，他认为企业的首要任务就是找到自己的核心竞争力，从而在激烈的市场竞争中脱颖而出。为此，他围绕产品战略提出了一些理论，虽然这些理论可能已不能完全适用于现在这个时代，但其中的某些知识点还是值得我们去借鉴的。

过去，靠着这套理论，迈克尔·艾森豪威尔和其同伴建立的企业咨询公司在最鼎盛时拥有 28 家分公司，业务遍布 17 个国家和地区，客户大部分是世界 500 强。不可否认，在产品时代，不少企业家靠这套理论积累了第一笔原始基金。

为了让大家以最短的时间一窥这套理论的精髓，我们把它简要概括为以下几点。

1. 生产出低成本的产品以提高市场竞争力

迈克尔·艾森豪威尔认为，企业可以在生产设施上投入资金，以控制成本和管理费用，从而最大限度地降低研发、服务、营销、广告等成本。

这就是他一再强调的低成本战略。为了实现这些目标，企业应该高度重视成本管理。总的来说，产品战略的核心目标就是降低成本，在保证质量和服务的基础上，一降再降，这也是过去价格战不断的原因。

2. 通过打造差异化来建立独特地位

在价格竞争的基础上，迈克尔·艾森豪威尔建议企业通过打造差异化的产品和服务，来建立不可取代的地位。而实现差异化战略的途径有很多，包括打造品牌、服务独特性等。

3. 以专业化的服务和产品吸引主要客户群体

迈克尔·艾森豪威尔认为企业需要用专业化的服务和产品来提高

主要消费群体的黏度，他称之为专业化战略。专业化战略可以采取多种形式，与低成本和差异化战略不同，前两种战略需要在整个行业内实现其目标，而专业化战略是围绕服务特定目标的中心建立的，在其制定和实施的每项职能政策中都应考虑到这一点。

案例：沃尔玛——传统线下大卖场的衰落

要说产品战略的实践代表，那就不得不提曾经风靡全世界的各大线下大卖场，比如沃尔玛、乐天玛特、人人乐等。在购物形式单一的过去，这些大卖场无疑为人们提供了便捷的购物途径，成为人们日常生活的一部分。其中，最典型的代表之一就是沃尔玛。

沃尔玛的线下大卖场面积普遍超过 6000 平方米，销售蔬果生鲜食品、包装食品饮料、生活日用品、服装、家用电器等。

但因为综合电商、生鲜电商等新型购物平台的崛起，沃尔玛面临着前所未有的巨大冲击，尤其是近年来生鲜电商推出的到家配送业务，抢走了极大的超市份额。讽刺的是，这些生鲜电商最开始还是在沃尔玛门口进行平台宣传的。这也从侧面反映出，他们的主要目标客户群与沃尔玛高度重合。

在综合电商以及生鲜电商的夹击之下，沃尔玛不堪重负，陆续关闭了多家门店。仅 2021 年一年，沃尔玛在中国就关闭了 30 多家大卖场。

在产品时代，沃尔玛最大的优势就在于商品齐全，人们能够一次性采买到日常生活中所需要的所有商品，而且这些商品价格低廉，品质也有一定的保证。但在平台时代，这些优势已然不复存在。除此之外，电商平台还能够提供沃尔玛所没有的配送服务。

虽然沃尔玛也开发了自己的电商平台，复制生鲜平台的形式，为人们提供送货到家服务，但遗憾的是，作为传统型企业，由于缺乏电商运营经验，沃尔玛只复制到了表面，没有学习到精髓，也没有实现真正意义上的平台转型。沃尔玛的线上平台，无论是页面操作，还是购物流程等方面，用户体验都大大不如电商起家的平台。

除此以外，沃尔玛利润的多样性也被其他平台分流了。沃尔玛除了售卖日常生活用品以及生鲜食品以外，还有家电、服装、美妆等商品，过去沃尔玛的这些商品物美价廉，具有极大的优势，但如今人们可以通过各式各样的线上平台挑选更为合适的商品，因此，沃尔玛的高频商品就只剩下了生鲜类产品。

看到这里，我们就不难发现，为什么在2021年沃尔玛关闭掉了30多家门店。因为受疫情影响，近两年生鲜平台发展得非常快速，人们的购物习惯也由此产生了极大的变化。

可以这么说，商品力、服务能力弱，是沃尔玛被时代抛弃的重要原因。

"成也萧何，败也萧何。"传统大卖场的巨大成功来自及时把握市场趋势、抓住时机，在线上平台还未兴起之时，给人们提供廉价多样的商品，而它们的失败，也是由于没有抓住时机，及时进行战略转型。回顾这些传统卖场的衰落，再看看当下的市场状况，我们可以预见，如果没有紧跟平台经济的潮流，就将会被市场淘汰。

没有与时俱进，缺乏创新的动力，这是大部分传统大型企业想转型却很难成功的一点。可见，顺应市场潮流，对于企业发展来说意义之大。

虽然现在是平台时代，但是产品战略中的挖掘企业的核心优势、降低企业成本、提高服务和产品的质量，仍然是企业发展必不可少的条件，换句话来说，当下的商业战略已经从单纯的产品战略走向了平台战略，产品战略已从主要的商业策略变成了平台战略的一部分。

二、平台战略萌发新生机

历史教训告诉我们，方向有时候比努力更重要。那么，什么才是我们该走的方向？很简单，市场的发展就是正道。

平台时代就是当下的正道，如果你还固执地怀念过去那个产品时代，就无法拥有未来。当然，企业在通过平台实现转型之后，发展到一定的阶段，也肯定会再次遇到瓶颈期，这个时候，就需要通过再造平台生态圈来谋求新的生机。

1. 构建和嵌入用户的消费习惯

平台战略，顾名思义，需要先搭建行业的交易平台，而采取补贴措施吸引买家和卖家进入交易平台是平台战略的第一步。我们发现，不少平台在建立之初都会对买家和卖家提供大量的补贴，比如打车软件，"卖家"新注册用户有免费的打车券，"买家"司机也有一定数量的补贴；外卖平台也是如此，消费者有打折券，而骑手在完成一单外卖的配送之后，除了有基础的配送费以外，还有平台的补贴。这些举措都是新平台在扩大交易规模，为日后平台企业保持长期利润奠定基础。为了企业能够长远地谋利，牺牲短期利润的代价是值得的。

这些用户在平台注册时，首先需要绑定手机号码、填写住址，这样平台就能通过大数据获取到用户的信息，比如购物喜好、出行轨迹等，前期的大量优惠不仅仅相当于花钱买了流量，更重要的是买了用户的个人信息，可谓一举两得。此外，大部分平台都不会只有单一的服务，最终都会往综合性平台发展，比如音乐播放器 iTunes，已经成为一个综合数字内容消费平台，当用户第一次通过它听音乐的时候，在绑定支付方式、内容以及应用程序和各种终端设备的同时，相当于为企业绑定了用户，在潜移默化之间塑造了用户的消费习惯。这么看来，平台在成立之初给买家和卖家的微小让利，简直就是一笔一本万利的买卖。

2. 在企业成长期实施利基战略

利基一词是"Niche"的音译，有拾遗补阙或见缝插针的意思。所谓利基战略是指"企业在面对激烈的市场竞争时，需要能够在某一细分市场进行深度培育，从而在复杂的市场环境中找到生存、发展和成长的途径"，是中小型企业趋利避害，避免与强大的竞争对手正面冲突的迂回战略，通过选取一些冷门的、被大企业忽略掉的小市场作为其目标市场的营销战略。

当企业刚起步时，羽翼尚未丰满，没有能力与行业巨头竞争。平台企业必须有自己的定位，有自己的利基市场，首先在市场上站稳脚跟。此外，随着多边市场边界越来越模糊，平台企业面临包围和跨境竞争的风险将越来越大，在利基市场建立自己的优势也可以反映出它们在不可预测的跨境竞争中不可替代的本质。

3. 不断扩大市场面

多边市场的特点决定了多边市场平台企业的服务范围具有很强的可扩展性。当平台企业发展到一定程度并积累了足够数量的用户时，可以尝试为现有客户推出更多其他类型的产品或服务，从而充分挖掘客户群资源的利用价值。

/ 第二章 /

平台时代发展中的创新模式

> 优秀的商人,总是有能力挖掘到财富的源泉。

无论是大型企业还是小型商户,有的时候输了,输的并不是做错了什么,而是错过了致富的大好趋势,而这种趋势所能带来的财富效益是巨大的。

简单来说,如果商人不知道时代的财富在哪里,就会错失巨大的财富和发展机会。

在数字化、信息化席卷全球的今天,人们的生活方式和企业商业模式发生了巨大的变化,平台的概念应运而生。

在互联网的世界里,衣服、食物、住房和交通等各种生活细节都可以通过手机来完成。互联网改变了人们的生活方式,甚至颠覆了产业结构和整个社会经济架构。

目前,大部分企业希望通过拥抱互联网完成下一阶段的转型。平台战略已经上升到前所未有的高度,成为企业未来发展的主要方向。

在本章,我们来看看平台生态圈有没有新的创新模式,以及该如何重塑平台生态圈。

一、构建生态系统的关键因素

平台生态是以数字技术为核心、以用户价值为导向，通过跨界纵向产业链整合、横向用户关系圈扩展，打破工业化时代下的产业边界，颠覆传统商业生态模式，实现链圈式价值重构的生态体系。

平台生态圈最大的特点之一就是能够突破时间和地域的限制，那么我们就可以围绕这一点来开拓思路，比如利用"时间"开发平台生态系统，或者利用地理环境以及建立"根据地"建立平台生态系统的优势。

1. 利用"时间"开发平台生态系统

如果将"时间"融入生态系统的发展战略，可以有效地触发网络效应。比如近几年流行的真人选秀，就是以精心设计的时间轴来推动和演进的。通过设计初赛、网络投票、总决赛等一系列互动，来不断吸引用户，经过一段时间的宣传，提高人们的关注度，同时通过拉长赛段，来提高人们对比赛的投入度，从心理上拉住用户，而其最终目的就是把用户引流到平台。当你在平台完成注册之后给心仪的选手投票之时，当你注册了账号在平台上和大众进行互动之后，平台就实现了流量的初步转化。

2. 利用地理环境以及建立"根据地"建立平台生态系统的优势

首先，以地理模式为内核指的是把生态圈的根基与地理环境相联系。比较著名的例子是分众传媒，它以写字楼、商场、机场为地理战略，覆盖了大部分的城市人群。它的优势在于，在覆盖了人们的生活轨迹之后，可以获得具有约束力的好处，以及更真实、更准确的消费行为数据。这一优势是平台模式盈利的关键。

此外，还可以通过用户所处的地理环境来做，比如分类广告平台，就是给需求双方提供一个彼此联系的场所，通过城市分类、社区分类来细分用户，给用户推送当地的广告信息，如招聘信息、出租信息等，用户就能够快速地找到需要的信息。这就是根据用户地理环境的独特性来为平台引流。

其次，利用不同区域地理位置的丰富的资源环境，是建立"根据地"的方法，比如浙江义乌的小商品批发市场、福建晋江的体育品牌配送中心、广东华强北的电子街等，在这些地区从事相应的事业要比在其他地方容易得多，各方面的成本也相对较低。

在平台企业构建生态系统的演进过程中，最有效的方法是多层次的平台策略，软硬件并举。支撑平台生态系统的关键在于软件内容是否多样化和丰富。平台战略反映了新的战略要求，即不能再仅仅从单一的角度来考虑，而必须从生态系统的角度来解读，以便正确制定对策。

（1）突破临界点。

当平台早期的用户数量达到生存的最小"临界数量"时，利用从众心理和网络效应促进后期大多数人的持续参与。

（2）吸引早期用户。

重点为首次进入平台的用户提供优惠、礼品等其他"非网络效应价值"，帮助不熟悉平台的消费者完成首次体验，吸引早期用户进入，推动用户规模不断扩大。

（3）追求用户质量。

用户达到一定规模后，必须放弃对数量增长的盲目追求，注重质量维度，开发平台生态系统，在公众心目中巩固具有一定知名度的优质用户为基础，同时过滤不良用户。

（4）细分市场的集约培育。

根据平台的演变，设计了一个合适的细分框架，通过详细的个性化机制与多边用户沟通，真正满足各方的需求。

（5）平衡双边市场。

平台企业在不同用户群体之间起着制衡作用，把握双边市场发展趋势，扶弱抑强，实现各方共赢的良性循环。

要想充分发挥平台战略的作用，最重要的是创造双赢的生态环境，平衡发展。无论是一个遵循基本的双边和三方模式的平台企业，还是一个连接了无数方集团的平台帝国，都必须正确运作所有参与者共同连接的网络关系，满足所有用户的需求，共同成长和盈利，有效制衡生态系统中各方的利益，在平衡中携手共进。

二、生态圈的创新法则

在平台时代，借助于各种创新技术，中小企业犹如雨后春笋般蓬勃发展起来，这些新兴的中小企业拥有充沛的活力，对市场适应性更强，创新更有动力。

繁荣昌盛的中小企业对经济发展来说有着举足轻重的意义，而这类企业的发展又离不开创新的支撑。

"只有改革才能进步，只有创新才能强大"，创新已成为新常态经济的核心动力。与以往中国企业主要依靠成本优势参与国际市场竞争相比，中国企业正在凭借不断增强的创新能力破茧而出，逐步步入世界顶级发展阶段。

如今，大数据、云计算、社交网络、移动和生物技术等新兴技术正在推动经济和社会的变革。新技术的发展使产业价值链更加透明，更容易解构；产业价值链变得支离破碎，更便于整合和重组。

我们前面提到，大数据、云计算、社交网络和移动是平台生态系统的技术基石，同时，要在这些技术的基础上实现持续创新，充分发挥其应有的作用。随着人工智能、大数据、云计算、5G等技术的快速发展，各种新的应用平台应运而生，如短视频、网络广播等，重塑了媒体格局和舆论生态，推动了互联网平台的创新发展。

大型平台企业具有小企业无法比拟的规模经济和范围经济优势，这对创新有很大帮助。当然，创新可以分为许多种，不仅包括技术发明和创造，还包括现有技术的推广和应用。在所有这些类型的创新中，大型平台公司都有自己独特的优势。在新形势下，生态系统的创新显得尤为重要。

随着互联网和各项先进技术的普及，企业的创新一般都围绕着构建可循环的生态系统、开发深度应用以及打造竞争力群组来进行，并随着市场环境的变化，及时调整，与时俱进。具体表现在以下几个方面。

1. 技术创新趋向于算法化和智能化

技术创新是推动社会发展的基本变量，具有革命意义的创新技术正逐渐渗透到社会生活中，并对整个社会的许多方面产生了变革性影响。

在互联网平台的竞争过程中，技术创新对平台的竞争力和市场活力起着关键作用。借助技术创新，网络营销呈现出边界概括、场景精确、数字化布局、综合算法营销等特点。

而随着人工智能、大数据、5G等前沿技术的不断成熟，平台生态圈将焕发出新的活力，迎来更广阔的发展空间和机遇，并不断地向智能化方向迁移。

首先，人工智能已经成为最受关注的数字营销技术。随着人工智能技术的发展，它日益成为网络营销的基本工具，营销环节不断优化，呈现出从个性化向人性化过渡的趋势。

其次，随着大数据的赋权，5G时代将带来数据的爆炸式增长，营销行业的准确性将提升到一个新的水平，线下广告效果无法衡量的问题有望得到解决，线下流量的价值有望得到重新评估，移动互联网和大数据时代的到来将营销带入一个新的算法时代。

2. 互联网产品集成度、互黏度高

在数字技术的引领和支撑下，网络消费、新零售、新营销等创新商业模式正在兴起，平台时代的创新和发展已进入快车道。

同时，随着互联网产品种类不断丰富，产品整合程度也在不断加

深。此外，各项创新技术的广泛应用、线上线下联动的增加以及营销领域的综合算法化，也大大提高了互联网产品的相互黏附性。比如大小屏幕联动、直播、短视频、长视频等视频表现形式逐渐成为主流，内容表现形式的转型也将影响互联网营销的实践重点。

3. 企业角色多元化，形成自己的平台生态系统

随着技术的进步、应用场景的丰富和开放平台的出现，大数据的积累不断应用于互联网营销创新。在互联网用户分类和聚合、数据挖掘和利用、信息定位和跟踪、物料调度和匹配等方面，这些资源的重组和流通释放出巨大的价值，为互联网营销的准确化、情境化和智能化发展提供了更多的可能。

同时，互联网平台也形成了自己的生态系统，形成了消费者消费行为的闭环。在互联网生态系统中，可以记录消费者的消费行为、消费者来自何处、搜索什么词、浏览什么商品、购买什么商品、给予什么评价等，这些数据的积累形成大数据，为企业精准营销提供了基础条件。

除了以上几点以外，新基础设施的发展加快了媒体整合的进程，互联网平台的跨境整合也更加活跃。在互联网浪潮的推动下，传统媒体在与新媒体的强势合作中逐渐发现新的商机，比如政府部门和官方媒体通过新媒体平台来引流，吸引了大量的粉丝，提高了民众好评率和亲民性。

新时代的生态系统创新，可以遵循以下几个步骤。

平台战略

1. 了解自己的生态系统，洞察创新机会

企业必须清楚地了解市场和行业的未来，评估市场过去和现在的环境条件，分析市场发展趋势，分析和预测自身生态系统的位置，从而选择合适的战略。

例如，在亚马逊发展之初，其创始人就准确地判断出非实体图书零售商有很大的发展前景，因为网上书店的库存是无限的，而实体书店只有20万册左右。与此同时，亚马逊预测，互联网的可用性和增长性使其能够跨越地区限制，让每一个上网的用户都可以进入无限的商品世界，并通过在线销售获得大量的个人信息。

经过多年的发展，亚马逊已经成为世界上最大的在线零售商之一。对于金融企业来说，如果从客户为中心的角度来看待其生态系统的创新机会，就不同于通过生态系统交易直接创造价值的制造和服务企业，但必须通过直接与消费者打交道或从制造或服务企业联合的协调人间接获得。

2. 根据自身能力和需求定位创新的方向

企业必须根据自身能力和需求识别生态系统价值池，判断自身在生态系统中的角色和定位，解构自身内部流程能力，识别自身能力和差距，找到自身核心能力，结合机会和业务需求，确定其发展战略的优先级，开展差异化优势业务，并进行持续迭代测试，以提高该能力。

例如，当传统的商业银行想要打造促进个人消费的创新生态系统时，如果它们仍然缺乏企业级集成机制转换的交叉部门内的积分值，或不能以客户为中心和无缝连接地使用弹性边界积分，那么它们的能

力差距就难以支持其作为领导者与现有金融服务机构的竞争。

3. 确定生态系统价值及获取方法

在了解现有能力的基础上，需要分析判断哪些能力的提升会获得最大的价值，利用投资决策优先级矩阵来确定投资优先级，通过投资来提升能力，或者通过与生态系统内其他企业的合作，消除弱点，弥补功能差距。

例如，蚂蚁金服作为互联网企业推出的金融服务品牌，致力于利用其在云平台和大数据方面的优势，为小微企业和个人消费者提供类似于消费生态圈"毛细血管"的金融服务，帮助客户降低成本。同时，蚂蚁金服可以补充传统商业银行的优势，降低缓解信息不对称的成本。因此，蚂蚁金服在积极促进多方共赢的过程中发挥着生态系统协调者的作用。

4. 通过跨境联动实现目标

企业需要根据不同的价值进行决策选择，对各种选择进行评估，从而选出最能满足战略目标的选项。为了实现这一目标，企业应该选择合适的合作伙伴，采用合适的签约和战略措施与合作伙伴进行合作，改变双方的关系框架，特别是在激励措施、信息交流和合作机制等方面达成共识，从限制机会转变为促进合作和信任。

例如，如果银行已经明确了金融创新的目标，在公司的金融生态系统中与专业的金融软件公司、市场信息公司联合合作，基于云为中小企业提供资源计划（ERP）和市场信息服务，并利用企业应收应付账款、库存、上下游客户、原材料和成品等市场信息，为中小企业提供现金流量预测仪表盘信息集成服务，不仅为企业供应链客户群提供实时的智能决策依据，对具体时间的财务需求做出投融资和套期保值安排，而且可与其他服务商连接，基于云为供应链中的企业客户提供业务匹配、法律咨询、物流等具体服务。

5. 通过评估用户指标决定下一步要做什么

企业可以通过制定关键的战略、运营、客户和用户体验指标，围绕指标收集数据，进行分析，不断评估指标，提高监控能力，确保企业在生态系统中持续获得价值。

为了有效应对生态系统新时代带来的机遇和挑战，企业需要转变观念，充分了解当前消费互联网向工业互联网升级，以及业务指数增长给生态系统带来的创新机遇，以开放的态度建立跨境合作伙伴关系。合理运行和研究目标生态系统中优秀基因跨界组合，充分发挥整体和部分之和的组合优势。更重要的是，它需要用云计算、大数据、社交和移动等新技术灵活应对生态系统的演变。

面对日益激烈的市场竞争，技术创新已经成为企业特别是中小企业生存和发展的关键。因此，中小企业的技术创新对企业的发展具有非常重要的理论和现实意义。

三、业务创新的能量来源

在企业运营的过程中，大量信息流入越来越多的专业部门，这些数据会变得越来越分散，每个组成部门的信息也越来越难以拼凑起来。这意味着，当组织变得越来越复杂时，需要强大的信息协作机制来支持前台业务部门。

中台系统的数据中台能够为企业提供高度统一和标准化的共享服务。前台业务部作为一种灵活机动的小"战斗力"，通过数据中台的"航母舰队"赋予和提升一线团队之间的信息共享能力、业务协作能力和经验沉淀能力。

中台便捷组织的运作模式和数据中台之间的联动，可以解决数据管理成本高、数据应用效率低、系统重复建设、分散管理等问题。

虽然中台系统能够帮助打通各业务部门的数据，但俗话说"船小易掉头"，还是建议大家在企业成立一段时间之后，及早使用中台系统巩固和沉淀各前线团队提供的丰富知识和经验，这样，中台系统积累的数据、产品和技术的资源等，才能为我们日后的创新提供能量。

此外，数据中台也能够解决各个部门在数据收集、数据标准等方面的差异，以及新的数据管理系统带来的重复建设、合作成本高的问题，从而统一全公司的数据标准。不过，即使企业应用中台系统，在实行数据集中时也会面临许多问题，如系统转换、运营模式重构、部门利益平衡等。因此，建议企业可以通过和数智化服务机构达成长远的合作，引入专业的运营团队为企业服务。

总之，数据中台能够为企业提供组织转型和企业架构创新的思路，同时激励企业优化和改进其服务模式，实现数据价值，实现和推动业务创新。

第三章

如何进行价值创造

> 一门只能给企业带来金钱利益的生意，其实是很糟糕的生意。

企业的存在是为了谋利，这没有错，但是任何功利性过强的企业都做不长。为什么呢？因为把利益放在第一位的企业，缺乏为社会和合作伙伴以及用户创造价值的觉悟。而我们都知道，只有那些能为社会和合作伙伴以及用户创造价值的企业，才能获得他们的青睐。

如果没有了他们的认可，那么企业就会失去社会支持、合作伙伴的帮助，以及最重要的交易。

因此，一家企业要想获得成功，就要把创造价值放在第一位，尽自己的最大努力满足社会和用户的需求，为社会和用户创造价值。同时，要充分利用自己所掌握的全部资源，帮助合作伙伴完成重点工作、达成业绩目标，为合作伙伴创造价值。只有这样，才能从激烈的市场竞争中脱颖而出，获得应有的利润和回报。

先创造价值，再获取价值，这种价值逻辑适用于任何时代，平台生态圈也是如此。换句话来说，平台生态圈存在的意义也是为了更好地创造价值，如果无法创造价值，生态圈就无法实现落地，因此，我们需要找到一个落脚点和突破口。

我们知道，平台的意义在于连接。一方面，它为供应商和消费者提供服务和创造价值；另一方面，平台将供应商的产品交付给消费者，并起到价值传递的作用。这意味着平台只能以自身的核心能力惠及利益相关者，这也是平台生态系统存在的意义。

那么，平台模式的价值逻辑是什么样的，它和传统的价值逻辑又有哪些区别呢？

一、传统商业模式与平台模式的价值逻辑

首先，我们讲一下平台生态圈的价值逻辑和传统商业模式下的价值逻辑间的区别。

在传统市场中，当企业收回成本并获得一定的资产回报时，价值创造就会增加。而在一个生态系统中，企业是通过参与整个系统来创造价值，消费者可能不会与特定生态系统中的每个组织进行交互，但他们可能"为参与而付费"——他们可能为访问该生态系统而付费，或者享受该生态系统所能提供的好处。在这种状况下，价值是由消费者的支付意愿来定义的。具体如图5-1所示。

传统市场或价值链中的价值创造　　生态系统中的价值创造

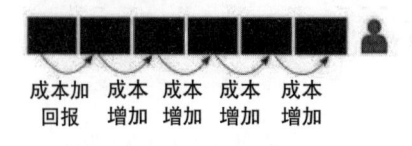

成本回报　成本增加　成本增加　成本增加　成本增加

· 价值创造随着企业收回成本并获得一些资产回报而递增
· 价值获取反映了附加的、连续的交换过程

· 价值获取反映了互联、动态、个体对个体的交换过程
· 生态系统作为一个整体，可产生比各个单独参与者更多的价值

图 5-1　传统市场或价值链中的价值创造与生态系统中的价值创造

通过图 5-1 我们能够发现，在传统商业模式中，价值创造是直线形的；而在平台生态系统中，价值创造则是联网形的互惠模式。

总的来说，平台模式和传统商业模式的价值逻辑有以下几点区别。

1. 平台模式的价值逻辑比传统商业模式更复杂

传统商业模式下，价值逻辑是直线形的，企业直接连接消费者，为消费者提供产品或者服务，消费者直接为产品或者服务支付费用。这里面的价值逻辑主要有两点：企业给消费者提供产品或服务的过程是价值传递的过程，而消费者为产品或服务支付费用的过程是实现价值转化的过程。

我们能够清晰地看到，这是一种简单的自上而下的线性价值逻辑。而对比传统商业模式，平台模式下的价值逻辑更为复杂。

首先，就价值逻辑主体的身份和功能而言，平台模式下的各个角色的功能和定位是不同的：内容供应商为终端客户提供产品或服务，平台企业为内容供应商和终端客户之间的交易提供服务。

其次,这些角色之间的关系也非常复杂。内容供应商和终端客户之间的关系是一种买卖关系,但通常他们不能直接交易。即使可以交易,交易效率通常也会很低。因此,企业需要利用该平台来提高交易效率和范围。

同时,对于平台企业来说,平台两侧的内容供应商和终端客户是两类性质不同的客户,两类客户之间存在交叉网络效应。任何一方的实力都会吸引另一方的扩张,而任何一方的缺失都会导致平台的瘫痪。三者构成一个相对独立的闭环系统。

在这个闭环系统中有两套价值逻辑系统,一套是供应商与用户之间的价值逻辑,另一套是供应商、平台企业与用户之间的价值逻辑。前者是平台模式存在的前提和基础,占主导地位。虽然后者有从属关系,但如果它缺失或低效,前者就不再存在。

2. 价值传递是平台模式的核心

在传统商业模式中,为客户提供产品或服务的过程就是向消费者传递价值的过程,企业能力和竞争力的核心是如何通过产品或服务的创新为客户创造更多的价值。而在平台模式中,价值传递成为其关键和核心,这可以从平台模式的发展演变历史中推断出来。

互联网对平台模式的最大影响在于,它从根本上改变了供应商与客户之间的价值传递方式和效率。

在传统模式下,供应商既是价值创造者,又是价值传递者。这种功能的重叠不符合社会分工的趋势,价值传递的独立性成为内在要求。

平台企业的出现，从根本上改变了产品或服务在供应商与客户之间的流通方式，从根本上提高了价值传递的效率。

可以说，有效的价值传递函数是平台模式兴起的关键。在今天的网络社会中，谁能更有效地向客户提供产品或服务，谁就能最终在市场竞争中获得控制权。

3. 平台模式的价值逻辑分离

在传统商业模式下，价值逻辑的每个阶段，价值都是由重点企业以产品或服务的形式创造出来的：企业承接向客户交付产品或服务的任务，这是价格传递的过程；顾客以货币支付的形式购买产品或服务的过程，这是企业价值实现的过程。

可以看出，在传统商业模式的价值逻辑的各个阶段中，企业是唯一的主体，主体角色的一致性保证了传统商业模式的价值逻辑的各个阶段不存在分离。然而，在平台模式中，价值逻辑的各个阶段是分离的。

首先，价值创造主体和价值传递主体是相互分离的。

在平台模式中，终端客户的需求来自供应商提供的产品或服务，因此供应商是价值的创造者。然而，由于条件或资源的限制，供应商往往无法完成对客户的产品或服务转移，供应商失去了价值转移功能，将其转移给了平台企业。

其次，价值创造过程与价值实现过程是相互分离的。

在传统模式下，价值创造与价值实现是直线形的，企业在为客户创造价值的同时，也为自己获得利润，价值创造与价值实现是同时完成的。然而，在平台模式下，价值创造与价值实现并没有直接的联系。

之所以一些互联网金融 P2P 平台、O2O 平台做不下去，就是因为无法形成合理的商业价值逻辑。历史的教训告诉我们，平台只有实现更精准、更有价值的连接性，才能获得长远而稳定的发展。

二、获取价值的途径

为什么企业都在积极追求平台化呢？

在平台上，多方利益体可以在平等的基础上，建立一种能够实现多方共建、资源共通、互利共赢、开放共享的生态圈。

在平台时代，企业应利用生态系统的共同协同和优势互补，促进价值创造，弥补行业差距，抓住其他机遇。

那么，平台型生态圈的特点是什么呢？

1. 共建

在平台生态圈中必须有多个参与主体，只有一个主体无法构建平台。对平台来说，每一个主体都是一股重要的力量，这些力量汇聚在一起就会形成一个新的价值生态，开放的共建机制是最重要的一个因素。在"数字中国"建设的大背景下，凝聚政、产、学、研、用多方力量共同推动平台生态圈的发展，协作共建平台已势在必行。

2. 共享

共享，就是指平台上的资源以及资本等面向主体开放。共享是一种双向的行为，只有通过双方的互动才能创造出价值。例如，在数字经济时代，数智化能力已经成为企业的核心竞争力，无论任何行业、无论大中小企业，都面临着数智化升级的基本挑战，但并不是所有企业都具备数智化全部环节的能力，那么这时资源共享就成了最好的选择。通过组合创新能够整合资源，在这种可以多端互动的行为中，共同创造数据价值。通过使用平台技术，未来平台会获得更大的发展，并有可能达到像社会基础设施一样的普及程度。平台时代的特性之一，便是"互补"的传统概念发生了改变。随着共享的内容发生变化，各种附加价值均可能对生态圈的加速发展产生难以想象的促进作用。

3. 共赢

平台模式最大的特色不仅在于形式多样的商业模式，同时还有多元化的盈利模式。而随着平台的竞争日益激烈，未来生态型平台的盈利方式将逐渐走向共赢。在平台模式下要实现共赢还要注意"多边性"，单边无法搭建平台，因此在搭建平台的时候首先要定义好双边或多边的群体。未来，在多方的共同努力下，各机构和企业将通过构建平台生态，有效发挥自身的特色和力量。平台商业模式的精髓，就在于打造一个完善的、成长潜能强大的生态圈。

4. 策略

策略是根据客户和竞争对手的需求，在自身资源能力之间权衡选择，使企业能够不断地创造价值，最大限度地获取资源，并做出一个更具竞争力的市场定位。以往对商业模式的研究，主要关注企业如何最大化股东回报或是企业如何参与市场竞争这类问题，但我们发现，近年来成功的企业重点关注的问题都转向了如何解决客户需求上。平台策略最早源自 IT 行业的企业，随着互联网技术的快速发展，已经渗透到社会各行业，并已成为现代企业创新转型的有效模式之一。利用平台策略的企业已形成一种经济现象。

5. 开放

平台的开放虽然不是只有互联网这一条途径，但互联网是最佳的开放平台，它不仅拥有庞大的数据库信息，还拥有完善的信息管理系统，而平台可以充分利用互联网的优势，进一步扩大参与主体的规模。平台的开放程度越高，能够触达的范围也就越多，而在一个网状的商业环节中，触达的广度和厚度就决定了一个企业的价值，因此，在新时代，企业要想生存和成长，必须学会开放，从而实现更多连接，拥有更强的生命力与市场竞争力。

一家平台企业的终极目标，在于打造出拥有成长活力和盈利潜能的生态圈，使企业引爆网络效应并实现大规模成长。若想将平台战略发挥到极致，最重要的是打造一个多方共赢的生态环境，并在平衡中成长。无论是一个依循基本的双边、多边模式的平台企业，还是一个已连接了无数边群体的平台帝国，都得妥善经营所有参与者共同联系起来的网状关系，满足所有使用者的需求，共同成长获利，并且有效维持生态圈的利益平衡，在平衡中携手前进。

平台 战略

　　平台战略的精髓，在于打造一个多主体共赢互利的生态圈。只有让栖息在生态圈中的多数成员获得壮大的机会，并享受到福利，平台企业才有可能共同壮大，并持续获利。